산산이 조각난 채로 손상된
마음의 파편을 쉬게 할
온전한 무덤을
그 누가 찾을 수 있겠는가?

_ 로렌스 랑헤르

꿈이 이끄는 치유의 길

The Dreaming Way

꿈이 이끄는 **치유**의 **길**

: 꿈작업과 그림치료를 통한 기억 되찾기와 트라우마의 극복

2019년 2월 18일 초판 1쇄 인쇄
2019년 2월 25일 초판 1쇄 발행

지은이 | **패트리샤 라이스 · 수잔 스노우**
옮긴이 | **고혜경**
펴낸곳 | **도서출판 동연**
펴낸이 | **김영호**
등 록 | **제1-1383호**
주 소 | **(03962) 서울시 마포구 월드컵로 163-3**
전 화 | **02-335-2630**
팩 스 | **02-335-2640**
이메일 | **h-4321@daum.net**
블로그 | **https://blog.naver.com/dong-yeon-press**

ISBN 978-89-6447-491-4 03180
이 책은 치유상담대학원대학교 학술연구비 지원에 의해 이루어졌습니다.

꿈이 이끄는 치유의 길

꿈작업과 그림치료를 통한
기억 되찾기와
트라우마의 극복

The Dreaming Way

패트리샤 라이스 · 수잔 스노우 **지음**
고혜경 **옮김**

동연

펴 내 는 말

/

그 누가 폐허의 목격자가 아니겠는가?

_ Ellen Hinsey, 〈기억의 도시〉

꿈과 그림으로 엮은 이 책은 독자들을 폐허의 목격자가 되도록 초대한다. 아울러 잠이 피워낸 꽃인 꿈을 어떻게 모으는지 우리들에게 보여준다. 트라우마로 고통 받는 사람들이 되풀이되는 끔찍한 악몽에 시달린다는 증거는 차고 넘치지만, 꿈꾸기와 트라우마와 연류된 것의 관계에 대해서는 거의 알려진 바가 없다. 꽤 최근까지만 해도 꿈에 관한 이론들과 트라우마 연구를 긴밀하게 연결시키려는 시도를 하지 않았다. 이 책을 통해 Patricia와 Susan은 트라우마와 연관된 꿈 세계를 이해하려는 2년간의 여정에 우리 둘이 동반하도록 허용했다. 이 내용은 전례가 없었던 기록이고 주석이다.

수잔의 꿈들은 그 자체로 은유적 언어의 압축이라 매력이 있다. 이 언어는 과거와 미래를 지금 이 자리로 소환한다.

일련의 꿈꾸기 과정은 입 밖에 꺼내는 게 금기시 되었던 끔찍한 사건에 대해 표현하는 길을 보여준다. 어릴 때 수잔은 말을 하지 못했고 또 말로 표현할 수가 없었다. 공포의 크기는 표현할 말이 없었고 배신으로 인한 불신은 그 누구도 믿을 수 없었기에 침묵할 수밖에 없었다. 성인이 된 수잔이 목소리를 찾는다는 의미는 무엇이 일어났는지 파악하고 또 이를 증언하는 것인데, 이는 입 밖에 내는 게 금기시되었던 전통을 거스르는 일이다. 수잔은 자신이 잃어버린 기억을 되찾는 일환으로 꿈을 이해하려는 시도를 했다. 이 과정에 연류된 그녀의 용기는 결코 과소평가할 일이 아니다.

수잔의 꿈들에는 주기적인 리듬이 드러난다. 그녀가 메시지를 감내할 준비를 시키는 꿈들, 트라우마의 다른 층위가 드러나는 꿈들, 이어서 수잔에게 힘을 부여해주는 꿈들, 그리고 이전에는 안다는 게 허용되지 않았던 내용에 대해 알려주는 꿈들이다. 이 꿈들은 수잔이 말과 그림으로 표현할 수 있게 해주는 꿈의 힘을 입증해주기도 한다. 이 앎의 과정은 듣는 데 있어서 특별한 선물을 받은 페트리샤가 함께 했기에 가능했다는 것도 간과할 일은 아닐 것이다. 패트리샤는 예술가의 시각과 열린 분석으로 수잔의 꿈을 창조적으로 확충하였다. 이 둘이 어우러져 상호 존중과 호기심과 인내심을 발하였다.

이 책은 시기적으로도 특별한 의미를 지닌다. 특히 트라우마 기억에 대해서 엄청난 혼란과 논란이 진행되고 있는 시점이라 더 그렇다. 패트리샤와 수잔은 일반 대중들로 하여금 기억은 전적으로 정확하고 입증 가능하다거나 아니면 기억은 '참이 아니다'라고 추정하도록 하는 작금의 논쟁들이 드러내고 있는 단순성을 넘어서게 만든다. 오랫동안, 주의 깊게 꿈을 적고 이를 청취하여 꿈의 응답 전 과정을 기록함으로써 이 둘은 우리들에게 꿈꾸기와 기억 사이에 복잡하게 짜인 연관성에 관한 전체 그림을 보여주었다. 여기에 더해 우리들에게 희망의 메시지까지 선사한다. 트라우마로 인한 취약성과 가슴 찢어지는 지난함도, 꿈을 통해서 이해하고 치유할 수 있다는 점이다.

Annie G. Rogers, Ph.D.

감 사 의 글

이 책은 시작부터 특별했다. 온 마음을 다한 협조들이 이어졌다. 여러 해 동안 다양한 방식으로 각자 힘을 실어주었기에 깊이 감사드릴 분들이 많다.

…

특별히 패트리샤가 수잔의 놀라운 용기와 진실성에 개인적 감사를 표하길 원한다. 심오한 여정을 해낸 수잔의 힘, 그리고 또 여정에서 발견한 것들을 표현하는 그녀의 능력에 대해서도 감사를 표한다. 둘이 팀으로 작업하는 동안 배운 교훈이 모든 다른 일에도 스며들어 있다. 그리고 또 Mary Leibman의 관대함과 사랑과 격려와 우정에 감사를 표한다. 남편 James Harrot에게도 진심어린 감사를 드린다. 언제나 그러하듯 사랑과 지지 그리고 기술적 조언 외에도 우리가 나눈 대화 중에 드라난 꿈 세계에 대한 남편의 깊은 지식에도 무한한 감사를 표한다.

수잔은 꿈을 통한 기억회복 과정을 안전하고 성공적으로 이끌어준 패트리샤에게 한없이 감사한다. 어려운 시간 자기 곁을 지켜주었던 가까운 친구들에게도 감사를 표한다. 수잔은 언제나 그녀가 아티스트라고 믿어준 가족들에게도 감사한다. 무엇보다 잠꼬대로 꿈 이야기를 했을 사랑하는 남편에게도 감사를 표한다.

수잔과 패트리샤는 이 지난하고 힘겹고 놀랍고 끔찍한 전 과정에 함께한 모든 이와 모든 것에 감사를 표한다. 특별히 서로에게 고맙고『꿈이 이끄는 치유의 길』에 드러난 심오한 지혜에 감사한 마음을 전한다.

머 리 말

두 사람이 같이 떼라피theraphy를 시작하자 점차 제3의 존재가 생생하게 결합하는 특별한 작업이었다. 이는 작업을 시작했을 때 내게 든 느낌이었다. 수잔과 내가 만난 것은 내가 막 메인Maine 주에 여성을 위한 심리치료실을 열었던 때였다. 그전 20년간 나는 캘리포니아에서 아티스트로 지내면서 아트와 심층심리학 학위를 받았다. 야생의 자연으로 여성들의 탐색 체험을 인도했고, 교양과목으로 아트와 의식을 가르쳤다. 비록 칼 구스타프 융의 이론을 연구하는데 몰입했고, 꿈으로 작업을 하는 다양한 사람들하고 연루되기는 했지만, 그렇다고 어떤 특정 학교나 특정 기법에 동조하지는 않는다. 그렇지만 나는 치유에 있어서 이미지와 이미지 생성image-making의 힘에 관해 특별한 관심을 가지고 있다.

수잔은 아트스트이자 꿈을 왕성하게 꾸는 사람이다. 시작부터 우리들의 협업은 꿈에 관한 작업이 될 것이라는 점이 명백했다. 수잔이 시각 예술가라 이미지와 꿈의 은유적 특질을 탐색하는 일이 자연스러웠던 것 같다. 꿈을 꾸고 나서 수잔의 반응은 꿈을 그림으로 그리는 것이었다.

꿈으로 작업을 해본 사람이라면 누구라도 알 터인데, 꿈을 다시 활성화시켜 의식의 여러 층위에서 전반적인 것을 살려내는 것 자체가 또 다른 아트다. 수잔은 꿈일기를 쓰는 것으로 시작을 해서 큰 스케치북에 꿈 그림을 그렸다. 이 작업을 진행하는 동안에 수잔은 수백 장의 스케치를 했고, 그중 일부를 후에 그림으로 완성했다.

수잔이 꿈을 통해 이미지 작업을 하는 능력이 시각 예술가로서의 나의 수련과 민감성하고 결합을 했다. 그리고 또 꿈에 대한 나의 엄청난 관심과 치유를 위한 이미지의 힘도 한몫했다.

수잔은 매주 꿈과 스케치북을 들고 내 상담실을 찾아왔다. 우리 둘은 바닥에 앉아서 표현되는 이미지와 꿈 이야기가 불러일으키는 감정과 몸 감각에 가능한 한 열린 자세로 임했다. 함께 꿈작업을 한다는 것은 이미지들이 나타나도록 하고, 등장한 이미지와 꿈에 열린 마음으로 임하며, 존중과 수용의 자세로 이미지 스스로가 그 의미를 드러낼 때까지 믿음을 가지고 머무는 것이다. 이는 아주 느리게 점진적으로 나아가는 작업이다. 마치 고대 보물을 다루듯 이미지들을 주의 깊게 경청하고 그 의미들을 느끼고, 상형문자 같은 메시지가 해독이 되어 우리들에게 드러날 때를 기다린다. 수잔이 들고 온 첫 꿈부터 즉각적으로 우리는 우리 앞에 놓여 있는 긴 여정이 우리를 깊은 자리로 끌고 들어가리라는 느낌을 받았다.

기 억

이 이야기들에 등장하는 꿈과 이미지들에는 개인적인 기억을 되찾고 어린 시절에 일어났던 학대로부터 회복하기 위해서 필요한 감동적인 가르침이 들어있다. 그리고 꿈 세계의 심오한 차원도 드러나는데, 이는 꿈 세계의 치유와 변형에 관한 지점이다. 여기 소개될 수잔의 꿈들은 기억 과정에 대해서 대단히 감명을 주는 가르침을 드러내 보여줄 것이다.

생각을 좀 해 보면, 기억은 생존을 보장한다는 사실을 깨닫게 된다. 기억이란 의식적 무의식적으로 배웠거나 경험했던 것들을 다시 소환하는 능력이다. 우리의 본능적 지식이나 개인적 정체성이나 연대감은 전부 다 기억에 대한 믿음으로 인해 가능하다. 기억은 과거와 현재를 이어준다. 연상을 통해 기억은 그 전에 일어났던 일들을 길쌈한다. 그래서 일관성 있고 연속적인 자기 자신에 대한 느낌을 지닐 수 있는 것이다. 기억은 접착제인데 이 접착제로 인해서 우리 삶의 이야기들이 앞뒤가 맞아들어간다. 따라서 각자의 일대기에 온전성을 제공하는 것이 기억이다. 그리스인들은 기억의 중요성을 인식해서 메모지니Mnemosyne라 불렀다. 기억은 뮤즈의 어머니다. 기억의 여신 메모지니 없이 아트, 음악, 시, 노래, 춤, 역사는 존재하지 않는다. 인류는 언제나 가장 신비로운 인간의 특질인 기억의 작용을 이해하려고 애썼다.

그런데 우리 대다수는 기억을 아주 단순하게 인식한 19세기 개념에 매달려 있다. 기억이란 단지 커다란 녹음기 혹은 과거의 정보나 사건들을 저장해 놓은 창고 정도라 생각했다. 이 개념의 현대 버전이 기억을 위해서 할 일이란 컴퓨터 뇌로 가서 잃어버렸거나 망각했던 내용들을 끄집어내면 된다는 식이다. 그런데 이와 달리 기억에는 파악하기 어려운 특질이 있다는 걸 누구나 경험한다. 과거에 일어난 사건에 대해 사람마다 다른 시각으로 바라보거나, 다르게 기억하는 라쇼몽Rashmon 류의 기억을 경험한다. 기억의 이런 유동적인 면이 우리로 하여금 고개를 갸웃거리게 한다. 진정으로 우리의 기억을 사실 혹은 진실 혹은 실체로 신뢰할 수 있는지 물음이 일어나게 만든다.

기억과 트라우마

인간 정신이 어떻게 작동하는지 아는 사람이라면 누구라도 정신에는 특정 기억들은 피하게 하는 수많은 기작이 있어서 과거의 상처나 공포를 의식적으로 떠올리는 것으로부터 우리를 보호한다는 걸 안다. 그런데 성인이 어린 시절 일어난 끔찍한 사건들을 격리시킬 수는 있을지라도, 그 충격은 종종 일상이라는 삶의 지도에 기록되어 있어서 사건에 대한 특별한 정서적 톤이나 결 혹은 모양을 만들어낸다. 어떤 주요한 감정들은, 심지어 전체 사건들조차, 의식적 기억에서 차단되어서 일생 우리들의 태도나 행위에 은밀하게 영향을 미칠 수 있다. 때로 이 추방된 기억들이 마치 바다에서 낯선 새 땅이 솟아오르는 것처럼 심층에서부터 분출하여 개인의

지도를 영구적으로 바꿀 수 있다. 생존자이자 목격자로 우리들 앞에 어린 시절 트라우마가 이런 류의 경험이라는 것이 여기 제기된다. 어렵고 독특한 문제들과 함께 특히 진실과 기억의 이슈를 둘러싼 안건들이 제기된다.

어린 시절 학대를 대면하는 성인 생존자를 위해서 가장 주요한 안건 중 하나는 트라우마의 진실을 온전히 알 필요가 있다는 점이다. 고통스러운 내용들을 의식적 자각으로부터 떼 내어 보호하는 정신의 능력으로 인해서 트라우마에 대해 안다는 것이 언제나 쉽게 획득될 수 있는 것은 아니다. 간단히 기억 회복을 해내는 그런 류의 문제가 아닌 것이다. 수잔의 꿈들로 작업을 시작하자 수잔과 나는 꿈 세계라는 매개를 통해서 망각한 기억들이 얼마나 고통스럽게 의식으로 올라오는지를 목격할 수 있었다.

이 일련의 꿈작업에서 가장 심오한 배움 중 하나를 들자면, 기억의 역동과 전개 과정에 관한 것이다. 기억은 정지된 것이라 생각할 수 없다. 기억은 열려 있는 복잡하고 통합적인 체계다. 기억이라는 활동은 우리의 어떤 혹은 전체 자원을 사용하고 또 요구할 수 있다. 이런 류의 기억하기는 의식적으로 앎이란 경계 너머로 몰아붙여져 허공에 이르게 하고 마치 본질적인 복구 임무처럼 잊혀졌던 자리로 들어가게 만든다. 기억은 특정 시간의 것조차 아니라는 사실도 알게 되었다. 기억은 과거를 소환하는 데 관심이 있을 뿐만 아니라 미래의 잠재력에 대해서도 말하는 어떤 뭔가를 지닌다. 이런 꿈들은 기억을 입증할 수 있는 것이라 축소시키기보다는, 기억하는 것이 의미하는 바에 관해서 감각을 확장시킨다.

분명, 기억하는 과정에 관해, 특히 트라우마 기억 회복에 관해서 아직은 배울 것이 많다. 트라우마의 기억은 특별한 경우라 여겨지는데, 따라서 이 작업은 꿈을 자신의 트라우마 역사를 찾아내는 확실한 방법으로 확립하려는 시도가 아니다. 이 작업은 신뢰를 가지고 꿈을 따라가는 것이 어떻게 과거의 트라우마 기억을 회복하고 또 그 훨씬 이상의 길들을 드러나게 하는지 보여준다. 2년간 세심하게 꿈을 추적하자 꿈 세계의 심오한 영역에서 나오는 이미지들이 주어졌다. 이곳에서 잃어버린 힘을 발견했고 그 힘을 다시 통합했고 또 잠재로만 머물러 있던 앞날의 방향도 드러났다. 궁극적인 치유가 일어난 것이다.

꿈 세계의 영역

꿈 세계에 공존하기는 하지만 개별 꿈은 각기 다른 영역에서 온다는 사실을 작업 초기부터 알아차릴 수 있었다. 각 영역마다 특별한 관심과 대응을 하는 것이 보였다. 영역마다 확인할 수 있는 이미지와 특질을 지니고 있었고 또 작업의 진행 과정에 관해서 특별한 언급을 하는 것으로 드러났다.

오랜 기간 작업하는 동안 드러난 다양한 영역들을 열거해보자면, 실제 이런 시절 일어난 학대의 기억과 이에 대한 정신의 반응, 그리고 트라마우에 관한 가르침, RED라 이름 붙힌 원형적 인물의 등장, 원주민 여인들과 여성의 통과의례에 관한 꿈, 상승하고 하강하는 샤먼의 꿈, 넋드림과 영계의 동맹 동물들과 그 조력자, 각각의 꿈이 심층에 있는 특별한 영역의 저장고에서 올라왔다. 이들은 서로 잘 협연을 하고, 바른 때에 등장을 했고, 정확한 사실을 드러내고 지시하고 가르치고, 의례를 하고 지혜를 전수하고, 그리고 그 순간에 필요한 치유의 방법을 지니고 있었다.

어린 시절 성적 학대의 기억

맨 먼저 등장한 영역은 실제 수잔이 겪었던 트라우마적인 사건에 관한 것이었다. 어린 시절 성폭행 이슈로 이는 수잔의 의식적 기억에서는 완전히 차단된 내용이었다. 이 꿈들은 잃어버린 트라우마 기억과 관련된 모든 감각과 감정과 몸기억을 수반했다. 개인의 역사적 기억의 영역에서 올라 온 이런 꿈들은 작업을 하는 동안 쭉 등장했는데 실제 수잔이 겪은 학대 경험들에 주의를 기울이도록 경각심을 불러 일으켰다. 이 꿈들은 대체로 다른 영역에서 오는 강력한 꿈들 사이에 일정 간격을

두고 배치되어 있었다. 다른 영역에서 등장하는 지지의 꿈들은 종종 트라우마 꿈들과 직접 대조를 시켜 강조했는데, 이런 꿈에는 신비로운 영적 에너지가 스며들어 있었다.

레드RED: 원형적 인물의 등장

트라우마 꿈들이 펼쳐짐에 따라, 학대 사건뿐 아니라 원형적인 캐릭터도 등장했다. 수잔은 이 캐릭터에 레드RED라는 이름을 붙였다. 레드의 출현으로 우리는 학대 이야기가 진화해가는 과정을 따라갈 수 있었을 뿐만 아니라 치유라는 변형의 드라마가 진행되는 것도 추적할 수 있었다.

일련의 꿈들에서 레드는 여러 모습으로 위장을 한 채 등장했다. 처음 드러낸 레드의 캐릭터는 "실종자"였다. 그 다음에는 해리된 눈동자를 지닌 아름다운 여인의 모습을 보여주었다. 그 뒤로도 레드는 계속 다양한 모습으로 변신했다. 초기에 등장한 레드의 모습은 어린 시절 트라우마를 겪은 사람의 영향 자체를 체화하고 있었다. 레드는 상처받은 여성의 성, 즉 전형적 유린과 거짓과 훼손을 당한 모습이었다. 시간이 흐름에 따라 레드가 전사 소녀의 모습으로 등장했다. 이때는 학대자에 대한 분노로 가득차서 제 손으로 정의실현을 하고 복수를 했다. 스칼렛 오하라로 출현한 적도 있다. 그 뒤에 등장한 레드는 본래 레드라는 색 자체가 지니는 깊은 감각적인 특질을 나타내는 인물이었다. 깨진 것이 다시 이어지고 통합이 이루어짐에 따라 온전하고, 생동감 넘치고, 성적 매력이 가득한 여성의 모습으로 나타났다. 붉은 색이 흑색과 백색 같은 다른 주요한 색들이 보충되자 더 완전해 졌다.

어린 시절 트라우마와 관련된 꿈의 영역과 원형적 인물 레드와 관련된 꿈의 영역은 우리로 하여금 상처 회복의 전 단계들을 거쳐 가도록 했다. 우리는 이 꿈 영역의 학생이 되었다. 이 영역이 정확하게 우리가 주의를 어디에 집중해야 할 필요가 있는지 보여주었다. 진실이 알려져야 할 필요, 표현을 하고 신뢰를 할 필요, 증인이 될 필요, 학대자에 대한 복수의 욕구, 어린 시절 순수를 잃은데 대한 슬픔과 애통, 여성의 힘 되찾기. 이 모두가 꿈을 따르는 과정에 나타나서 우리들에게 필요한 알아차림을 주고 열쇠를 주었다. 이야기 속으로 들어갈 수 있도록 했고 이야기를 통해서 치유의 문지방을 넘어서도록 인도했다.

이 과정이 펼쳐지는 한가운데 지점에 매우 중요한 꿈 하나가 있었다. 이 꿈의 도움으로 우리가 바로 가고 있다는 걸 알 수 있었는데, 수잔은 말 그대로 어린 시절 트라우마 이야기의 "파편화된 조각들을 전부 찾아내기"를 해냈다. 땅을 파서 깨진 조각들을 찾아내어 가족들에게 제시했다. 이 꿈을 꾸고 나서 우리는 실제 가족들에게 침묵을 깨는 걸 고려할 수 있었다.

원주민 종족의 통과의례

세 번째 영역에 속하는 꿈들은 꿈이 어디서 왔다는 걸 즉각적으로 알아차릴 수 있었다. 원주민 여인들이 등장하는 것이 이 영역의 표식이고, 여기서 여인들 통과의례가 거행된다. 사실 꿈작업 맨 처음부터 이 영역에서 꿈이 등장했다. 이러한 꿈들을 통해 꿈 세계는 "부족시대의 기억tribal memory"을 간직하고 있다는 사실을 믿게 된다. 여기서 "부족시대의 기억"이라는 표현을 쓰는데, 이는 여성의 통과의례와 각종 의례 행위와 치유에 가까운 것으로 보이는 꿈들을 가리키기 위해서이다.

유럽과 아프리카의 구석기 동굴 벽화에서 보듯, 인류 초창기 선조들의 삶에서 예술적 표현이 중요한 일부였다는 걸 안다. 이 시각적 예술과 더불어 초창기 조상들의 문화는 구전 전통과 의례를 발전시켰고, 이를 통해 세대 간 전승이 이루어졌고, 창조된 지식과 지혜를 근간으로 문화가 꽃피었다. 현대 문화에서 가장 커다란 손실 중 하나를 들자면 치유가 일어나는 집단의례와 신성한 이야기일 것이다. 현재 접할 수 있는 제도화된 종교들은 여러 세기 동안 발전된 것이기는 하지만 그럼에도 종종 영혼의 깊이에 가닿는 능력이 부족한데, 특히 트라우마와 관련해서는 더욱 그렇다. 작금의 세상에서 이보다 훨씬 더 부재한 걸 들자면, 여성의 삶에 일어나는 트라우마적 사건들을 다루는 의례일 것이다. 그렇지만 우리가 꾸는 꿈들은 여전히도 이러한 치유의 길들을 간직하고 있어서 우리 문화에서 결여된 의례 행위를 보상한다. 우리가 주의 깊게 다가가기만 한다면 꿈은 치유와 존중과 잔치를 하는 여성들의 자리를 제공할 수 있다.

"부족시대의 기억"이라는 이 영역의 꿈들을 통해서 집단의례와 통과의례에 대한 충동은 인간의 의식만큼이나 오래되었다는 걸 배우게 된다. 이 영역의 꿈들은 의례 행위에 내재된 변형의 힘을 더불어 불러낸다. 꿈에서 진행된 치유의례는 어떤 다른 행위만큼이나 감동적이고 진실할 수 있다. 이는 우리 문화에서는 결여된 지점이기는 하지만, 수잔이 꾼 원주민 부족 꿈들은 치유 전통과 의례의 힘이 "부족시대의 기억"을 통해 여전히 우리들에게도 이용 가능하다는 걸 보여준다. 이 영역의 꿈들은 대체로 여성의 힘을 되살려내는데 주안점을 둔다. 이 꿈들은 본성, 양육, 격려와 연관된다.

샤먼적인 치유

꿈이 드러낸 4번째 영역은 샤먼적인 층위의 치유였다. 이는 "부족시대의 기억"의 영역과 밀접하게 연관되어 있지만 맥락과 감정에 있어서는 차이가 있다.

지난 20여 년 샤머니즘에 대한 관심과 연구가 엄청나게 살아났다. 샤머니즘 교재 중 가장 중요한 책 중 하나의 저자이자 종교 사학자인 머르치아 엘리아데Mircea Eliade는 샤먼은 넋의 체험에 관여하는 의례에서는 필수불가결하다고 지적했다. 또 "샤먼은 의사와 치유자의 기능을 수행한다"고 언급하면서, "샤먼은 진단을 하고 병자의 몸을 떠난 넋을 찾아 포획해서 넋이 떠났던 몸의 생명력을 회복시키기 위해 몸으로 넋을 돌아오게 만든다"고 설명한다. 엘리아데는 넋이란 "불완전한 심적 단위로 몸을 떠나는 경향이 있고 악령이나 마법사의 손쉬운 먹이감이 된다"고 했다.

자신의 꿈이든 타인의 꿈이든 꿈으로 작업을 해 본 사람이라면 누구나 어떤 꿈은 무속적인 것이라고 판단할 수밖에 없다는 인식을 하게 될 것이다. 무속은 늘 심오한 생태적 회복과 치유에 관한 인류의 오랜 전통이기에 상처가 있을 때 꿈에 무속적 차원의 경험에서 등장하는 요소들이나 패턴이 나오는 것은 어쩌면 자연스러울 것이다. 이런 지식의 원천과 아주 무관해 보이는 문화권에 사는 사람들의 꿈에도 이런 류의 꿈이 저절로 등장한다는 사실은 놀랍다.

이 영역의 꿈들 중 다수는 전통적인 샤먼의 치유 방법들을 드러내 보여준다. 전 세계 샤머니즘 신앙민들은 신성과 접촉을 확립하기 위한 기법들을 공유한다. 이 계열의 꿈들에는 지하세계로의 하강과 천상 세계로의 상승이 일어난다. 혼을 불러들이는 넋드림도 이루어진다. 자연계의 힘들과의 연결도 일어난다. 영계의 조력자들꿈이 꿈꾼 이에게 도움을 주고, 치유력이 있는 동물들은 그들의 엄청난 힘과 에너지를 빌려준다. 우리는 이러한 꿈들이 땅을 기반으로 한 치유 전통에서 도래했다는 걸 안다. 이 꿈들은 꿈 세계의 무속적 지혜에서 왔다.

비록 내가 다양한 종류의 샤머니즘에 대해 상당히 많이 읽기는 했지만 우리 둘 다 어떤 무속 의례에도 참여한 경험이 없다. 이 꿈들 시리즈에서 무속적 영역의 치유가 이 계열의 수련을 한 적이 없는 사람에게조차 이용가능하고 또 작동한다는 점은 분명해 보인다. 꿈 세계는 인간 정신이 접근할 수 있는 무속적 기억들을 간직하고 있다. 무속적 영역과 현대인의 삶 사이에 다리 놓기는 꿈을 통해 배움의 길을 걷는 학생인 우리들에게 달린 것이다.

꿈이 이끄는 길

수잔의 꿈들은 우리 둘을 꿈 세계의 신비로운 깊이로 입문시킨 임박한 초대였다. 꿈이 이끄는 길은 수잔의 개인 정신에 관한 지식을 드러낼 뿐 아니라 인간을 너머서는, 인간 의식과는 다른 세계와도 접하도록 했다. 이는 집단 경험의 더 커다란 감각을 만날 수 있게 인도한다. 꿈 세계는 상호 포괄적이고, 미묘하게 조직되어 있고, 참여를 하고 생기가 있는, 다차원적인 실체를 스스로 드러내었다. 이게 꿈의 지혜를 향해 열고자 하는 우리들 의지와 공명을 하고 응대를 했다.

꿈은 순차성을 지니고 주기가 있다. 꿈을 따라가자 이야기가 풀려나왔고 여기에는 확실히 주기적인 리듬이 있었다. 시간이 지남에 따라 꿈 내용들에 뚜렷한 패턴이 있다는 사실도 발견했다. 수잔이 겪었던 어린 시절 학대 이야기의 잃어버린 조각들을 찾아내는 일은 몹시 어렵고 가슴이 미어지는 경험이었다. 이와 연관된 꿈 다음에는 종종 힘을 실어주는 꿈이 뒤따랐다. 이 꿈은 에너지, 신비, 힘을 불어넣는 자리에서 왔다. 거부하고 인정하지 않고 인식하지 못하는 실체가 기다리는 자리에도 영적인 힘이 우리가 작업을 계속할 수 있도록 스테미너와 용기를 주었다. 꿈꾸기, 꿈 스케치하기, 꿈 그림 완성, 그리고 꿈작업을 하는 전 기간이 광대하다. 하지만 일관된 꿈 세계의 시각이 작동한다는 걸 보여준다.

수잔의 삶에서 2년이란 이 기간에 등장한 꿈들을 통해서, 수잔은 상상도 해 보지 못한 지형을 거쳐 갔다. 밤하늘이 열렸고, 별똥별로 나무 위에 불을 밝혔다. 고대시대부터 존재했던 동굴로 들어가 어떻게 살아야 하는지도 배웠다. 그녀 자신의 개인적 고통에 대한 생생한 이미지들도 목격했다. 밤바다 여정을 한 것이다. 여기 영적인 가이드들이 있었다. 수잔은 장엄하고 신비로운 연인도 만났고 자신한테 상처 입힌 사람에게 복수도 했다. 사랑하는 사람들과 재결합이 이루어졌고 죽은 사람도 불러내었다. 여성을 위한 부족들의 통과의례도 목격하고 참여했다.

동물들이 수잔을 도와주기 위해 등장했다. 수잔이 상황을 인내하도록 동물들의 깊은 본능적 지식과 지혜를 자기들과 함께 가져온 것이다. 수잔의 동행이 되기 위해 야성 자체인 바람의 말이 등장했다. 엄청난 보호의 힘을 나타내는 곰이 어슬렁어슬렁 다가왔다. 파란 천둥새가 하늘에 선명한 줄을 그리며 날았다. 작은 새들이 수잔 손바닥에 내려앉았다. 도마뱀은 그녀 어깨 위로 올라앉았다. 악어는 멈추고 기다렸다. 이러한 꿈들에 자연 세계가 응대를 한다. 땅이 흔들렸고 어두운 회오리바람이 스쳐 지나갔고 홍수가 일어났다.

꿈은 온몸과 온 감정을 환기시키고 오감을 자극한다. 수잔은 견뎌냈다. 고통을 받았고 버티었고 열려갔다. 꿈들이 모든 가능한 혹은 불가능한 이미지들을 탄생시켜서 꿈들에 대한 우리들의 반응도 우리 존재의 전인적 차원 즉 생물학적, 심리학적, 영성적인 차원을 끌어냈다.

2년 이상을 집중해서 꿈작업을 하자, 이 작업을 이끄는 지성체가 존재한다는 사실도 알아차리게 되었다. 이를 우리는 일반적으로 제3의 존재the third presence라 부른다. 이는 알아차릴 수 있는 속도감을 주었는데 이 페이스 안에서 다른 영역에서 오는 주제가 등장하고 사라지고 또 재등장할 때는 다른 형태로 나타났다. 이 지성체가 우리에게 움직임, 의도, 표명에 대한 감을 주었다. 꿈꾸는 이의 임무가 뚜렷하게 드러났고, 꿈이 우리가 이 과정에 동참하는 걸 도와주기 위해 꾸어진다는 걸 느꼈다. 꿈 세계의 다양한 영역에서부터 나오는 이미지의 풍성함을 목도했다. 꿈의 흠잡을 데 없는 이야기나 줄거리에 대한 감각도 느꼈다. 여기 다양한 악인들과 천사 같은 인물들, 평상적이고 원형적인 것이 공존했다. 도움이 되는 연합군들은 가장 시기적절한 순간에 등장했다. 무엇보다 특히, 꿈 세계의 방향성을 목격할 수 있었다. 이 방향은 끈덕지고, 자기 교정적이고, 치유로 향해 나아갔다. 때로 이 작업은 우리를 두렵게 했고 혼동을 야기했고 감동도 주었다. 우리 둘 다 깊은 감명을 받았고 동시에 겸허해졌다.

아티스트의 길

수잔은 우리가 함께 작업한 2년여의 기간에 수많은 꿈을 기록했다. 검정 표지의 커다란 꿈 일기장이 있었는데 꿈 일기와 꿈 스케치를 한 것이 12권이었다. 수잔은 원래 스케치한 내용으로 그림을 그렸는데 이는 주로 꿈작업을 한 후에 이루어졌다. 종종 꿈 그림은 여러 달 뒤에 완성이 되곤 했다. 수잔이 그림을 그리는 과정에 꿈 이미지와 관련해서 전혀 다른 층위의 의미가 드러났다. 완성된 그림을 상담실로 가지고 오면 우리는 본래 꿈과 꿈 스케치로 되돌아갔고 새로운 정보와 통찰로 우리들의 이해의 정도도 깊어졌다. 이 과정은 결론에서 수잔이 자세히 설명할 예정이다.

이 책을 위해서 우리는 밑그림과 완성된 그림을 선별했다. 우리가 느끼기에 어린 시절 성적 트라우마 이슈에 가장 타당하다고 여겨지는 꿈들을 선별했고, 또 수잔의 회복 과정에서 응집력 있고 일관성을 지니는 꿈으로 간주되는 것을 선별했다. 꿈은 일반적으로 깊은 이야기나 신화와 마찬가지로 우리에게 끊임없는 해석과 의미를 제공한다. 이 책에 사용한 꿈들도 고유하고 동등하게 가치 있는 다른 의미들이 있을 수 있다는 걸 안다. 여기서는 함께 작업하는 동안 우리가 발견한 내용들, 즉 상호 정서적 심리학적 지적 영적 발전이 일어난 것을 소개한다.

여성의 꿈

여기 기록된 꿈들이 여성의 꿈이고 꿈작업도 두 여성이 함께 작업하도록 만든 자리에서 일어났다는 사실을 언급하는 것은 중요해 보인다. 최근 꿈을 조사하는 실험실 연구 결과로는 여성의 꿈이 남성의 꿈과 차이가 있다고 한다. 차이는 부분적으로는 생리학적 조성 또 부분적으로는 문화와 집단적 역사의 차이에서 기인한다. 그렇다고 이 요소들을 젠더의 차이로만 돌릴 수는 없을 것이다. 왜냐하면 여기 꿈들이 시사하듯, 큰 부분은 신비에 가려져 있는 지점이 있기 때문이다. 이런 꿈 경험으로부터 우리가 여성의 꿈과 남성의 꿈을 다르게 접근하도록 배우는 것도 중요해 보인다. 이유는 꿈 세계가 각 성의 고유한 관점으로부터 제공하는 것을 좀 더 온전히 듣고 보기 위해서이다. 수잔의 꿈들이 탄생한 꿈의 영역들은 아주 특별하고 주목할 만한 방식으로 여성의 변형과정이라 부를 수 있는 것만을 가리키고 또 관심을 기울이는 듯하다.

이 과정이 수잔에게는 꿈을 진실로 받아들이고 존중하는 것이었다. 기억과 마찬가지로 진실은 단순하지 않다. 진실은 복잡하고 통합적인데, 꿈과 꿈 스케치 그리고 꿈 그림이 우리에게 진실을 제공했다. 그렇지만 입증자료로의 진실을 말하는 것이 아니라, 드러나고, 변화하고, 교훈을 얻고, 주요한 앎이라는 측면에서의 진실을 말한다. 꿈이 우리들에게 형체를 부여하고, 체험을 하게 하고, 정확하고도 조화롭게 이해하도록 진실을 제공한다.

우리 협력에 힘입어 꿈의 문지방을 통해 무의식 안으로 들어갔다. 그 자리에서 수잔은 어린 시절에 겪었던 성적 학대의 기억을 찾게 되었다. 이 과정이 때로는 가혹했다. 빈번히 의식적 통제를 너머서는 듯이 느껴졌다. 그러나 꿈들을 스케치하고 그림 작업을 하는 동안 수잔은 자기 실체의 근거를 마련했다. 온전히 자신의 꿈에 참여함으로 수잔에게 엄청난 아픔을 수용하도록 도전이 주어졌다. 결과적으로 어린 시절 트라우마 이야기를 사실로 받아들이라는 도전을 받은 것이다. 꿈이 수잔에게 요구하는 것 외에도 수잔은 예술적 표현으로 응대했다. 그녀 노력에 대한 보상이 있었다. 여러 꿈 영역에서 등장하고 그림을 통해 진화를 한 인물과 피조물들이 수잔 자신을 알 기회를 제공한 것이다. 이는 희생자나 생존자로서만이 아니라 비옥하고 충만하며 다면적인 여성으로서의 자신을 알 기회를 부여받은 것이다.

상담실에서 우리가 한 2년간의 작업 중에서 수잔의 개인적 삶과 우리 둘 관계에 대한 훨씬 더 구체적이고 사적인 내용은 여기 언급하지 않았다. 이 책을 통해 확인 가능한 자료들을 좀 더 구체적으로 제시할 필요가 있다고는 생각하지 않는다. 우리가 함께 만든 사적 자리의 특별함이 존중되길 바란다. 아주 관대하고 비옥하게 꿈이 흘러나올 수 있는 안전한 자리[container]였다. 우리의 떼라피 작업에는 언제나 꿈과 밑그림과 완성된 그림이라는 이미지들이 있었다. 우리 관심의 주요 초점은 언제나 꿈 이미지였다.

집중된 2년여의 탐색 후, 꿈이 내용과 방향과 강도에 있어서 변화하기 시작했다. 다른 주제를 다루는 꿈도 등장했다. 처음 작업을 시작했던 어린 시절 학대를 둘러싼 주 작업이 완결을 향해 나아가고 있다는 느낌을 받았다. 꿈들이 이렇게 풍요롭고 생생하고 깊이 감동적인 치유의 경험을 주었기에, 우리는 감명 받았고 그래서 이 과정을 나누게 되었다. 다양한 청중들에게 우리가 한 작업을 발표할 수 있을 정도로 우리 관계가 확장되었고 결과적으로 10년 넘는 이런 시간을 거쳐서 책으로 탄생하게 되었다.

우리는 꿈을 순차적으로 엮었는데, 이는 꿈을 꾸었던 순서에 따른 것이다. 그림은 후에 그렸고 일부는 한참 시간이 지나서 완성되었다. 그렇기는 하지만 꿈을 꾸고 작업을 한 시간 순으로 배열을 하고 꿈꾼 날짜를 기입하였다. 타당하다 여겨지는 곳에는 주석을 달아 그림이 완성된 시점을 명시했다.

지난 20년간 어린 시절 성적 학대에 관해서 많은 기록물이 쏟아져 나왔다. 우리는 발생 빈도에 관해 그리고 생존자에게 미치는 영향에 대해서 꽤 많은 것을 배웠다. 떼라피 단체를 포함 문화 전반에서 학대를 당했고 지금도 가혹한 처우와 학대를 받고 있는 어린이에 대한 진실을 거세게 들고 있어났다.

지난 20여 년 높은 차원의 자각과 의식이 확대 되었음에도 불구하고 여전히 우리는 아동학대를 어떻게 멈출 수 있는지, 트라우마를 겪은 사람들의 고통을 어떻게 완화시키도록 도울 수 있는지, 이해하는 프로젝트에 매달려 있다. 사람들의 엄청난 노력에도 불구하고 아직 트라우마와 트라우마가 보여주는 끔찍한 교훈에 대해 새로운 방식으로 듣고 배우고 대응할 것들이 많이 있다.

성적 학대로 인한 트라우마 연구는 두 원천에서 진행이 되었다. 떼라피 팀들은 어린 시절 학대의 사인인 병리, 정신적 이상과 교란 행동에 초점을 맞춘다. 다른 곳에서는 수많은 생존자들의 진술을 통해 어린 시절 트라우마 세계와 희생자에게 미치는 영향에 대해 알려준다. 이 두 분리된 그러나 필연적으로 연결된 원천들은 각자의 안건과 언어와 특질을 지니지만 서로서로 보상적이다. 함께 학대 트라우마의 전체 기록을 구성하고 있다.

이 책을 통해 다른 관점을 제시한다. 여기서는 생존자와 참관자가 함께 작업을 한다. 우리가 대화를 하는 매체는 꿈이고 스케치와 꿈 그림에서 연상된 내용을 확충한다. 이 공동 작업에서 생존자와 참관자가 기억되찾기와 회복하기의 과정을 같이 했다. 이 과정에서 치유와 가르침의 개인적이고 또 집단적인 층위가 드러났다. 여기에 표현한 꿈작업과 꿈아트는 꿈이 이끄는 길을 따르는 탐색 방식을 제기한다. 이 책을 쓰는 의도는 우리가 발견한 것들을 존중하기 위해서고, 또 꿈을 꾸고 꿈작업을 하는 더 확장된 공동체에 기여하는 바가 있기를 바란다.

자신의 개인적 트라우마 역사로 작업을 했고 또 작업을 하고 있는 사람들과 일생떼라피를 통해 내담자들과 파트너 작업을 하는 사람들은 이 작업에서 희망을 찾고 영감을 받을 수 있을 것이다. 시작할 때는 뭐가 펼쳐질지 알 길이 없다. 우리는 꿈하고 착실한 파트너십의 태도를 취했다. 꿈이 우리 스승이었고 우리는 꿈의 학생이었다. 이 재료로 작업을 한 지 십 년이 지났지만 배울 것이 더 있다는 걸 알게 된다. 독자들도 자신의 배움을 위해서 그리고 자신의 풍요와 치유를 위해서 꿈 세계에 지혜를 구하고 이 세계로 입문하도록 초대한다.

역자 서문

/

꿈을 따르는 길

길은 안에 있다

인류의 현자들이 한결같이 '너 안에 답이 있다'라는 말을 했다. 안이 어딜까? 그 답을 어떻게 찾지? 눈을 내면으로 돌리라는 급진적인 방향전환을 일관되게 주창하지만 이 쉬운 말이 가장 어렵고 막막하게 다가오는 게 현대인이다. 안을 향하는 눈을 잃었기 때문이고, 안으로 난 길들은 이미 기억 이전에 차단되어 있다. 자주 길이 없다고 느낀다. 일찍이 현대인이 길을 잃고 헤매는 하나의 이유가 이 때문이라고, "안"을 가장 치열하게 탐색했던 현대인 칼 융이 진단한 바 있다.

이 책은 "안" 즉 내면의 이야기이다. 트라우마로 인해 안의 소리를 더 이상 외면할 수 없었던 상처받은 영혼, 수잔의 2년간의 내적 탐색의 여정이다. 일찍이 망각의 방에 가두었던 잔혹한 기억을 의식으로 끌어올려 대면을 하고 연루된 감정들을 오롯이 겪어내는 과정은 결코 쉬운 작업이 아니다. 그래서 영웅의 길이고 한 영웅의 장엄한 서사시가 '안' 세계에서 펼쳐졌다. 수잔과 이 여정을 안전하게 보듬었던 패트리샤가 꿈이 열어내는 길을 한 걸음 한 걸음 매주 징검다리 하나씩 건너듯 충실하게 따랐다.

이 둘은 안으로 향한 길이 막힌 채 소실되어 영원히 단절된 상태가 아니라는 사실을 입증했다. 이 책은 심오한 내면의 서사시이자, 안이 어딘지 막연한 현대인에게 구체적인 길을 보여주는 선물이다.

꿈은 밤마다 안으로 초대한다

꿈이 이끄는 길은 놀랍다. 이를 따르는 길은 삶을 감동 가득한 아트로 빚어낸다. 안에서는 쉼 없이 풍요로운 이미지의 향연들이 펼쳐진다. 필요한 정보를 주고 더 깊은 자리로 데려가고 상처의 아픔에 함몰되지 않도록 계속 나아갈 힘과 지혜를 제공한다. 어느새 꿈길은 우리를 놀라운 깊이로 심화시킨다. 마치 마음 안에서 이루어지는 고고학 탐험 같다. 한 층에 기억회복이란 개인의 유물이 묻혀있다. 그 아래에 인류 초창기부터 간직해온 모든 지혜의 전통들이 발굴을 기다리고 있다. 더 나아가 인간 탄생 이전, 본능의 세계를 지배했던 동물들의 힘이라는 층위도 살아있다. 꿈길은 어느새 심층으로 나있던 문들을 활짝 열어 주었다.

현대인의 고통 중 하나가 피상일진데, 꿈길은 표피 아래의 세계로 다리를 놓아 삶에 깊이를 더해준다. 이 깊이가 진정한 치유와 의미를 찾을 수 있는 영혼의 자리에 가 닫게 한다.

꿈 이미지가 증언하는 아픈 실체는 어린 시절 트라우마의 강도가 영혼의 그릇을 파괴하여 생명의 물을 보듬지 못한 채로 삶을 살아가고 있었다는 점이다. 생명에 필연적인 요소인 영혼의 물이 고갈된 삶, 이 원천과의 단절이 필연적으로 초래하는 메마름과 퍽퍽함과 암울함은 비단 수잔만의 마음풍경이 아닐 것이다. 영혼의 그릇에 금이 가 있든 아니든, 내면으로 향하는 눈과 길을 잃은 우리 모두는 이 꿈 이미지와 무관하지 않다. 우리의 부인할 길 없는 현주소는 의미와 기쁨과 생동감의 비밀인 영혼에 대한 감각 상실이다.

오랜 외면과 단절에도 불구하고 꿈은 말걸기를 중단하지 않는다. 여기 희망이 보인다. 우리에게 안은 결코 사라진 세계나 접근 불가능한 세계가 아니다. 꿈이 피상적인 우리를 깊이를 담보하는 안의 세계와 다리놓기 위해 지치지 않는 노력을 매일 밤 하고 있다.

실 은 ,
꿈 이 나 를 이 끈 다

망각된 상처가 어떻게 치유되지? 근친상간이란 이 받아들이기 어려운 트라우마를 어떻게 다루지? 목격자로 이 둘의 초대를 받아 여정에 동참하는 동안 선명하게 부각되는 점이 있다. 꿈을 꾼 수잔도 테라피스트인 패트리샤도 아니고 전 치유의 과정을 꿈이 관장하고 이끈다는 사실이다. 꿈이라는 우리가 가늠할 수조차 없는 '지성'이 명백한 의도와 방향성을 가지고 전체 과정을 인도한다.

뭇 생명은 자기조절 능력과 항상성을 유지하려는 힘이 있다. 진정한 치유의 길로 나아가려는 힘이 누구라도 내재되어 있을 것이다. 꿈은 구체적으로 손에 잡히는 방식으로 이 본연의 힘을 드러내는 한 표현 양식이 아닐까? 진정한 의미의 치유란 온전해진다는 의미와 삶의 의미를 발견한다는 말과 다르지 않다.

상처에서 시작된 이 심오한 여정이 드러내어 증언해주는 것들이 많다. 먼저, 진정한 치유란 어떤 형상일지 큰 그림을 그려볼 수 있게 해준다. 연루된 감정의 스펙트럼 전부를 만나고, 표현하고, 해방되고, 망각되어 파편화된 정신을 소환하여 의식으로 통합한다. 아울러 상처로 신음하고, 기능하지 않는 감각으로 인한 잘못된 선택이나 관계로 인해 소진하느라 감히 존재하리라 상상조차 못한 내면의 깊은 자리를 만나 이 자리를 삶의 확고한 토대로 만드는 삶, 이럴 때 충만함이나 온전함이란 감각이 돌아오지 않을지?

여기 자칫 간과하기 쉬운 면이 있다. 수잔의 내면 탐색은 결코 '안'에만 국한된 것이 아니다. 역설적이게도 진정으로 세상을 만나기 위해서 자기 '안'을 만나는 과업이 선행되어야 했던 것이다. 아마도 거꾸로 찾아 헤매고 결국 답이 없어 보여 좌절하는 이유가 이 때문이 아닌가 한다. 이런 현대인에게 '답은 결국 안에 있다'를 상기하게 하는 책이다. 안은 결국 밖하고 이어진다. 하지만 엄연한 순서는 안이 먼저이다.

꿈은 안이 우리를 초대하는 방식이다. 그 뒤는 꿈이 이끄는 길을 따르면 된다. 여기 수잔과 패트리샤가 보여주듯, 성실하고 겸허한 태도가 절실하다. 수잔의 영웅적인 여정이 새로운 길을 내어준다. 각자 저마다의 영웅의 여정이겠지만, 꿈을 따르는 길은 분명, 우리를 다시 꿈꾸게 하고 삶을 기꺼이 살맛나게 할 것이다. 밤마다 꿈이 하는 초대에 응하는 것으로 영웅의 여정이 시작된다.

고혜경

(꿈작업가, 치유상담대학원대학교 교수)

차 례

꿈이 이끄는 치유의 길

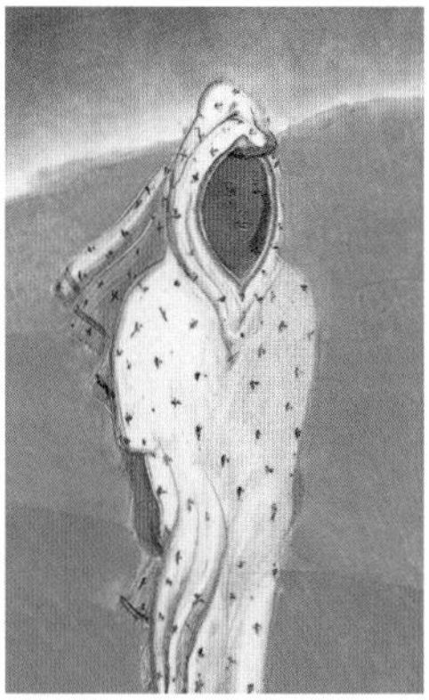

맺음글

꿈이 이끄는 치유의 길

"밤의 여신"

1987. 2. 16

비행기를 놓쳤다. 한 남자가 운전을 해주겠다고 제안한다. 이는 내가 자력으로는 내 문제를 해결할 수 없다고 생각하기 때문이다. 나는 화가 나서 그의 제안을 거절한다. 6명의 여인들과 기차를 탄다. 우리는 가난한 흑인들이다. 기차표가 없어서 기차에서 쫓겨난다. 감옥에 감금되는데 거기서 맞고 학대를 당한다. 우리는 섞이기 위해 그리고 살아남기 위해 남자 옷을 입어야 한다. 철길을 통해 탈출할 길을 찾는다. 일단 우리가 기차를 타자 우리들이 입은 옷이 아프리카 부족 여성들의 복장이다. 우리는 여전히 흑인이고 우리 혈통이 자랑스럽다.

●●● 수잔

이 꿈에서 나는 에스코트를 받기를 거절하고 내 식대로 하겠다고 주장한다. 나는 여인들과 같이 기차를 탄다. 우리는 가난하고 차표가 없다. 여기서부터는 나락으로 떨어진다. 감옥에서 남자 죄수들이 우리를 때리는데 이유는 여자이기 때문이다. 남자 옷을 입는 이유는 위장을 하기 위해서다. 아픔이 있고 각색이 있다. 남자옷을 입고 철로를 따라 도망친다. 시련이 끝나자 본래의 부족으로 탈바꿈했다. 우리 중 한 명은 밤의 여신이다. 여신은 모든 걸 보고 모든 걸 안다. 여신의 현존을 느끼는 것은 곧 안전과 안녕을 의미한다. 나는 생존의 비법을 보았고 이를 존중해야 하고 성찰해야 된다고 느낀다.

●●● 패트리샤

이 꿈이 수잔과 내가 함께 작업한 첫 꿈이다. 융C. G. Jung은 종종 떼라피 작업에 가져오는 내담자의 첫 꿈이 중요하다고 지적했고, 대게는 진단에 도움이 된다. 이 꿈은 우리들에게 뭔가 견뎌내야 하고, 어려운 경로이고, 통과의례가 진행될 것이라는 자명한 느낌을 준다. 또 시련은 이겨낼 것이고 잃어버린 힘은 되찾을 것이라는 것도 알게 해준다.

꿈의 도입부에 다양한 이동 수단이 등장한다. 비행기는 놓치고 차로 태워주겠다는 제안은 받아들이지 않는다. 꿈꾼 이가 해결할 능력이 없다는 걸 암시하는 남성에게 화를 내고 그녀는 다른 여인들과 함께 기차를 탄다.

흑인 여성이 처음 등장하는 이 꿈은 부족시대에 보존되어왔던 여인들의 힘을 상실했다는 걸 추적하게 한다. 이 꿈에 이어지는 꿈들은 작아짐과 곤궁과 종속의 시간에 관해 이야기한다. 인류 초창기 여성들의 힘이 지금은 고갈되었다. 이들은 단지 가난한 여자들일 뿐이다. 힘을 불어넣고, 능력이 있고, 고상했던 표징들은 벗겨져나갔다. 어떤 식이든 특권을 누리는 방식의 여행은 할 수 없다. 이 여인들은 기차표도 없고 이 문제를 해결할 수 있는 협상법도 없고 집으로 가는 기차에서도 쫓겨난다.

출애굽에서 유대인, 아니면 백인 사회에 사는 흑인들처럼, 이들은 고난의 시기와 추방이라는 시련을 겪는다. 이들의 본래 정체성은 찾아볼 수가 없다. 자유를 거절당했고 타국에서 노예가 되었다. 이들은 빈번히 도처에 있는 압제자들에게 이용당하고 이제 생존전략을 찾는다. 자기를 압제하는 자들의 옷을 입는데, 다르게 말하면 학대자와 동일시하기 시작하는 것이다. 이 움직임이 이들을 변장시켜 스스로를 지켜낸다. 이렇게 해서 이 상황을 벗어날 길을 찾아 탈출을 한다. 일단 다른 여인들과 함께 다시 기차에 올라타자 이들은 갑자기 해방된다. 다시 부족시대의 옷을 입고, 집단적인 여성의 힘과 전통을 되찾게 되고 자존감도 회복된다. 이 흑인 여인들은 꿈 세계에서 억압의 대변자이다. 아울러 힘을 부여해주는 에너지를 지닌 존재들이기도 하다. 생존 비법을 전수하자 누군가가 도래한다. "밤의 여신"이다. 여신은 부족의 옷을 입고 있고 여신의 힘이 가시적으로 드러난다. 여신의 비전과 지식은 생동감 있고 여신의 강인함도 선명하다. 수잔은 이 권위를 지닌 복장을 한 여신을 그려서, 꿈에 등장한 여신을 존중한다. "밤의 여신"은 수호자, 예언자, 모든 것을 아는 자로의 위치에 있다. 우리는 여신이 이 과정과 어떤 시련이 닥치든 전체를 지켜보는 존재일 것이라는 느낌을 받는다.

"요령"

1987. 2. 22

포르투갈에서 말 두필이 도착했다. 말은 외양간 칸막이 안에 있고 거칠고 아름답다. 우리는 이들을 밖으로 내놓는 것이 두렵다. 이 말들은 에너지로 충전되어 있다.

●●● 수잔

내 활동력이 외양간에 있는 울타리 안에 갇혀있다. 말은 매우 힘차고 거칠어서 나는 이들을 내놓기가 두렵다. 붉은 말은 불과 열정, 검은 말은 밤과 무의식의 힘처럼 느껴진다.

●●● 패트리샤

이 말들은 우리에게 놀라운 육체적 힘을 느끼게 해준다. 이들의 등장은 엄청난 에너지가 유입되는 표식이다. 또 본능적인 생명의 힘이 분리되어 있다는 걸 나타내는 듯도 하다. 말이 두 마리인데 한 마리는 검고 한 마리는 붉다. 막 도착한 말 두 필은 이 시점에는 길들여지지 않고 서로 연관되어 있지도 않다. 이 둘은 아주 강한데 둘을 함께 있도록 하는 유일한 것이 울타리다. 꿈이 이 단어 "stall"(울타리, 지연, 핑계)로 장난을 치는 것일 수도 있겠다. 이 힘의 유입에 관해서는 꽤 애매모호하다. 이 말들이 왜 지금 등장하고 이들 에너지는 어떻게 접근가능한지 물음이 많이 일어난다.

나는 이 장엄한 말이 도착한 것이 흥미진진하다. 말이 어떤 힘을 갖고 있는지도 궁금하다. 일하는데 쓰는 말인가? 경주용 말인가? 수잔이 이 에너지를 이용할 수 있을까? 이 말과 관계를 맺기 위해서 우리는 어떻게 시작할 수 있을까?

Mircea Eliade와 그의 샤머니즘에 대한 작품을 통해, 인류가 말을 길들이기 시작했을 때 우리는 더 이상 땅에 뿌리박힌 존재들이 아니라는 것을 알았다. 우리는 질주하는 네 발 동물과 결합하여 바람처럼 난다. 말의 힘과 민첩함으로 인해 말은 샤먼의 최고의 동물로 간주되었고 샤먼이 천상의 바람을 타고 날도록 해준다. 엘리아데는 말이 우세하게 등장하는 신화는 장례식하고 연관이 있다고 지적한다. 말은 사자의 영혼을 그 너머의 세계로 데려간다. 말은 경계를 관통할 수 있기에, 이 세계에서 다음 세계로 통행을 한다. 이것이 나로 하여금 이 말들이 사자의 터, 잃어버린 넋의 장소와 연결할 잠재력을 지닌다는 걸 보게 한다. 말들은 몹시 움직이고 싶어 한다. 의문이 남는데 우리가 이 강력한 에너지 원천하고 연결을 하고 대화를 확립할 수 있을까? 수잔이 말 에너지를 이용하는 걸 배울 수 있고 자신의 여정에 유용하도록 할 수 있을까? 지금 시점에 우리가 아는 것은 이 에너지가 여기에 있고 터져 나올 준비가 되었다는 것이 전부다.

“블랙홀”

1987. 4. 17

내 친구와 내가 그림 그리는 그룹 모임에 간다. 친구는 자기 아들을 데려간다. 아들이 오렌지 알갱이가 들어있는 깡통을 마시고 죽는다. 내가 가서 친구를 위로해야 한다. 가슴이 미어지는 슬픔이 느껴진다.

●●● 수잔

꿈 그림에 등장하는 여인은 일상에서 나의 지인이다. 제일 친한 친구고 아티스트다. 최근에 이 친구가 어린 시절에 일어났던 근친상간의 기억을 찾아내는 중이라고 내게 말한 적이 있다. 친구가 그 이야기를 할 때 내 가슴이 답답해지고 호흡이 가빠오고 조여드는 느낌을 받았다.

패트리샤와 내가 세션 중 이 심란한 꿈스케치로 꿈작업을 하자, 각각의 등장인물들이 나하고의 관계로 전환되기 시작한다. 처음에 나는 이 꿈이 내 친구 이야기인줄 알았다. 그 뒤에 나는 꿈이 나에 관한 이야기를 한다는 걸 알아차렸다. 이 꿈은 내 꿈이다. 나를 아티스트이자 근친상간 생존자라고 인식하고 동일시하자 몸이 크게 떨리는 걸 느낀다. 꿈에서 아이한테 고통을 완화시키려 오렌지 쥬스를 주는데 실제 의사가 나한테 오렌지 주스를 준 적이 있다. 내가 꿈에 주스를 마시고 죽는 아이 입장이 되어 보자 아티스트/생존자는 내 엄마로 보이기 시작한다. 그렇다면 소파에서 자고 있는 남자는 누구란 말인가? 내가 아이 입장이 되어보니 그 사람이 외할아버지로 느껴진다. 내가 엄마 입장이 되어 보면 그 사람은 내 아버지다.

이렇게 따라가자 침울함만 그득하다. 내가 가족 중 누군가한테 성적 학대를 당했을까 하는 생각이 뇌리에 스친다. 이 꿈이 나한테 혼란과 강한 두려움과 불안을 경험하게 만든다. 나는 이것이 아주 끔찍한 뭔가의 서막이라는 걸 안다.

침울한 느낌은 나를 미지의 자리로 끌어당기는 아주 무겁게 내리누르는 에너지이다. 블랙홀은 너무 깊게 느껴지고 나는 다시 올라올 수 없을까 두렵다. 두려움이 감소하자 나는 정신을 차리고 다시 심호흡을 한다.

나는 내 감정에 대해 어떤 통제도 할 수 없다. 길거리에서, 운전할 때, 식당에서 어지러움이 덮친다. 다리가 떨리고 숨이 막혀온다. 패트리샤가 함께 있을 때만 이 음울한 자리로 떨어져도 안전하다고 느낀다. 나는 패트리샤가 내 손을 잡아 내가 현실에 연결되어 있도록 하기를 원한다. 그래서 내가 돌아올 수 있다는 걸 알 수 있도록 해주기를 원한다. 추락하는 것은 죽음이고 사라지는 것이라 느껴진다. 그래서 무섭다. 그러나 나는 앎도 기억도 이 어두운 자리의 바닥에서만 되찾을 수 있다는 것도 안다.

●●● 패트리샤

이 꿈의 등장은 감정과 감각을 많이 자극한다. 꿈 그림을 그렸는데 이 과정은 기억 되찾기의 시작이다. 꿈에서 꿈꾼 이는 정서적 육체적으로 깊은 감정을 느끼는데, 두려움과 앎이 뒤섞여 이 자리에 사로잡혀 있다. 나는 수잔이 느끼는 어지럼증, 호흡곤란, 다리 떨림이 깊이 침잠해 있던 기억과 연관된 감각이 작동하는 것이라 이해한다. 수잔과 내가 이 꿈 그림으로 작업을 할 때 마치 엄청난 힘이 끌어당기는 듯, 우리 둘 다 현기증을 느꼈다. 수잔에게는 트라우마의 블랙홀이 어지럽도록 끌어당겼다. 나에게는 강한 몸반응이 일어났다. 이 느낌은 우리가 틈새나 허공인 잃어버린 기억의 자리로 빨려 들어간다는 사실에 대한 경계경보 같았다. 억압된 트라우마의 자리로 깊이 끌려들어갈 때마다 둘 다 어지럼증을 경험했다. 이런 때 서로서로 접촉하고 있는 것이 대단히 중요했다. 때로는 실제로 서로의 손을 잡기도 했고 어떤 때는 말로 우리가 체험하는 것을 확인했다. 계속 이어가기 전에는 심호흡으로 우리 접촉을 재확인했다.

수잔의 스케치는 다양한 면을 알아차리게 도와준다. 소파에 자고 있는 남자가 있다. 그리고 아이 뒤에서 무릎을 꿇고 있는 아이 엄마가 눈에 들어온다. 엄마는 손에 뭔가를 들고 있다. 수잔은 수잔이 그린 그림 한 장을 들고 있다고 설명했다. 아이 엄마가 뭘 알고 있나? 아이한테 고통을 덜어주기 위해 뭔가 마비시키는 것을 준다. 아이에게 주스를 주는게 엄마인가? 아이가 마시는 컵은 자고 있는 남자의 구부린 몸 바로 위에 위치해 있다. 엄마가 자신의 방식인 망각을 아이한테도 물려주었나? 꿈은 주스를 마시고 아이가 죽는다고 한다. 다른 말로 아이는 의식을 잃었고 마비가 되었고 억압이 일어났다.

이 그림에서 가구도 중요성을 지닌다. 지켜봐야할 이슈가 있을 때마다 수잔은 꿈 그림을 그릴 때 테이블을 그렸다. 테이블이 등장하면 뭔가를 검토할 필요가 있다는 사실에 주의를 기울이도록 배우게 되었다. 그림에서 램프가 빛을 발하고 있다. 우리가 이 슬픈 장면에 알아차림의 빛을 비추도록 촉구한다.

이 꿈에서 우리는 어떤 끔찍한 일이 일어났다는 느낌을 선명하게 받았다. 그러나 의문점들이 많다. 이 꿈은 엄마에 관한 것이기만 할까? 아니면 은연중에 수잔을 연류시켰나? 꿈작업 후에도 감정이나 감각들이 끈질기게 수잔의 일상을 따라다녔다. 우리는 경계태세로 들어갔다.

"렙핀 도마뱀!"

1987. 4. 28

컨버터블 차를 운전해가다 사막에 있는 어떤 돌 유적지 입구에서 차를 세운다. 거기 나무 상자가 하나 있는데 도마뱀들이 가득 들어있다. 렙핀 도마뱀이다. 도마뱀은 상자에서 거의 나올 기세다. 도마뱀이 익살맞고 무섭다.

●●● 수잔

꿈에 등장하는 도마뱀은 전체적으로 작고 초록빛이다. 여기 우스꽝스러운 작은 녀석들이 상자에서 기어 나오려고 충돌하고 버둥거린다. 갇혀 있는 도마뱀 에너지는 마구간에 갇힌 야생마들하고 유사하게 느껴진다. 뭔가 풀려날 필요가 있다는 것은 분명하다.

●●● 패트리샤

도마뱀들이 우리들에게 남긴 에너지는 꿈틀꿈틀하고 뭔가 알 수 있을 듯한 느낌을 준다. 수잔은 이 도마뱀을 그녀의 직관이라 생각한다. 과거 어느 때 상자 속에 넣어서 봉했는데 이제 터져나올 준비가 되었다고 말하고 있다. 꿈의 이미지로 돌아가 보자. 유적지로 이어지는 출입구에 초점을 맞추자, 이 이미지는 오래된 구조물 중에서 남아있는 건물의 토대로 들어가는 진입로를 가리킨다. 뭔가 과거의 어떤 것으로 진입하는 걸 의미하는 듯하다. 도마뱀이 든 상자가 이 자리에 놓여있다. 도마뱀은 냉혈 동물이기는 하지만 우리 두뇌에서 가장 고태적인 부분하고 연결된다. 파충류 뇌를 말하는데 꿈의 이 도마뱀들은 특별히 위협적이지는 않다. 나오기를 바랄 뿐이다. 나는 지난 번에 작업한 꿈에 이어서 도마뱀들이 출현하는 이 꿈은 우리가 아주 고태적인 정보를 열어내고 있다는 걸 고지하는 것이 아닌가 생각한다. 수잔은 이 꿈의 제목을 "렙핀 도마뱀!"이라 붙였다. 어린 고아 애니Little Orphan Annie가 만든 놀람의 느낌표는 익살맞고 무섭다는 수잔의 혼재된 감정을 이야기한다.

“장엄한 모계의 힘”

1987. 4. 30

침입 세력이 몰려오고 있다. 동굴 아래에 동물들이 갇혀 있다. 우리가 방책에서 돼지들하고 서로 연결하려 한다. 아래에는 4열로 굳장한 기병들이 가로질러 있다. 우리한테 코끼리도 있다는 걸 안다. 나는 검을 들고 평원으로 내려간다. 팔다리를 마구 자른다. 그리고는 내 행동에 충격을 받아서 멈춘다.

●●● 수잔

이 꿈은 내가 커다란 곤경에 처해있다는 걸 말해준다. 그래서 내 연합군들한테 도움을 청해야 된다. 바리케이트에서 돼지들과 연결하는 것이 내게는 기묘해 보인다. 내 코끼리는 거대하고 검다. 이들이 내 지위를 강화해준다. 스케치북에 "아주 엄청난 폭력"이라고 내가 한 행동에 대해 언급한다. 팔다리 자르는 행위는 죽이지는 않고 군인들을 무기력하게 만드는 길이지만 나는 폭력을 멈춘다. 내가 한 행동에 스스로 놀라고 무서웠기 때문이다. 이 행동은 광기를 표현하는 것 같다. 침입 세력을 극복하고 일어날 일을 막아보려는 광적인 시도다. 나는 이 꿈을 밀어닥칠 피 칠하는 전투의 은유로 간주한다. 죽음과 부상이 초래될 것이다.

●●● 패트리샤

도마뱀들이 상자에서 나오려 버둥거리는 지난 꿈을 꾸고 이틀 뒤에 꾼 꿈인데 우리들에게 경고를 하고 깊이 알아차리게 만든다. 침입이 임박했고 꿈 세계의 어떤 부분에서 습격을 해 올 것이다. 우리는 아직 침공할 적이 누군지 알지 못한다. 하지만 이에 대비한다는 감은 있다. 정신이 엄청난 힘을 정돈하고 있다. 맹공을 이겨내려고 거대한 에너지를 모으고 있다.

수잔이 팔다리를 마구 난도질하는 이미지는 불가항력적인 것에 대처하려는 광적 시도인 듯하다고 말한다. 돼지들이 친 바리케이트가 첫 번째 방어선이다. 돼지가 포악한 방어수단이 아니라는 건 자명하다. 돼지는 엄격히 말해 희생동물이고 전쟁의 신들에게 바치는 제물이다. 반면 코끼리는 역사적으로 전쟁 시 강력한 연합군이었다. 나는 수잔에게 힌두 전통에서 코끼리 머리를 한 신, 가네사Ganesha가 모든 장애물들을 물리치는 궁극적 승리자라고 말해주었다. 수잔은 이 코끼리들이 모계중심이고 모성적 보호라는 걸 느낀다. 코끼리들이 수잔에게 그들의 힘을 빌려주어 수잔이 다가올 전투에 대비해 그들의 힘에 의지할 수 있도록 한다. 이 꿈으로 작업을 한 뒤 수잔은 코끼리들에게 경의를 표하기 위해 코끼리 그림을 그렸다.

"재탄생"

1987. 5. 1

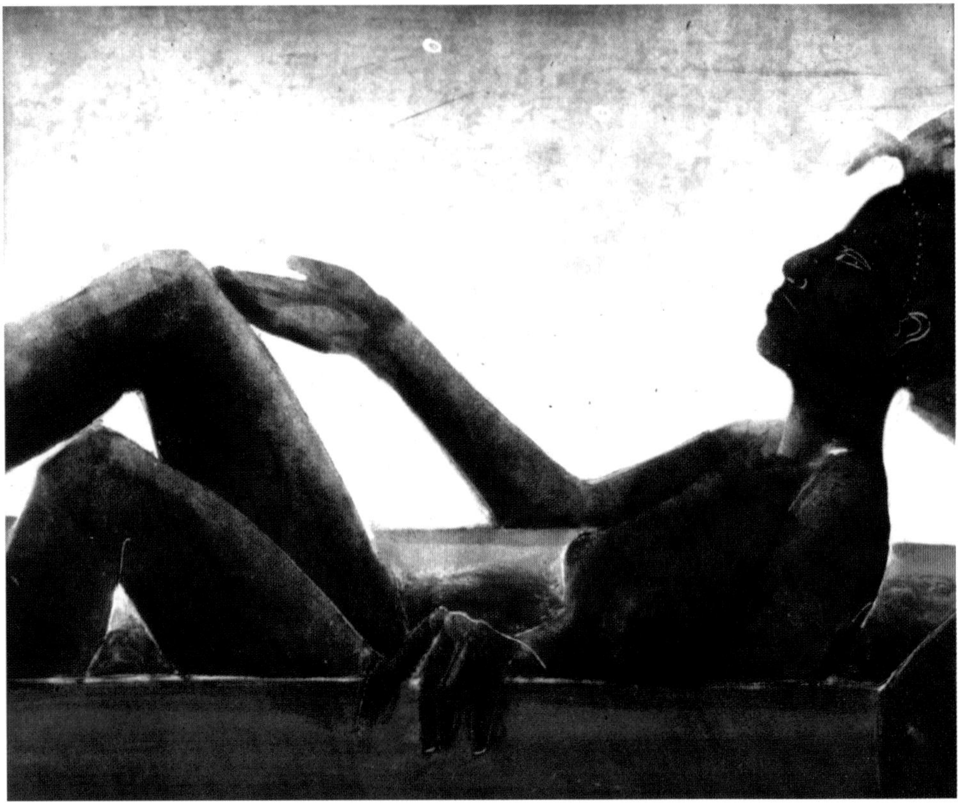

모래상자 안에 한 여인이 누워 있다. 몸은 나뭇잎으로 뒤덮혀 있다. 조심스럽게 보호하듯 그 여인 위를 날고 있던 벌이 여인을 쏜다. 여인이 일어난다.

●●● 수잔

이게 나의 뿌리덮개 더미인데 여기서 생명이 되살아난다. 거부의 더미에서 뿌리덮개는 그 자체가 비옥한 거름 즉 생명을 자라게 하는 풍부한 자양분이 될 수 있다. 이 꿈은 부활처럼 느껴지는데 선행하는 죽음과 파괴의 꿈에 이어지는 꿈이라 더욱 그렇다. 그림을 그릴 때 나는 생명을 강조하려고 모래상자를 붉게 그렸다. 희망의 꿈처럼 느껴진다.

●●● 패트리샤

꿈 이미지가 생명이 되돌아오는 걸 알려준다. 한때 묻혀버렸던 생명의 힘이 다시 도래한다. 이 꿈을 보면 앞 번 꿈이 묘사했던 죽음의 전투에서 수잔이 승리했을 것 같다. 부상으로 이 여성의 에너지가 도래하는 듯 하다. 벌에 쏘이는 따끔함은 생명의 재생을 자극한다. 잠들어있던 몸의 일부에 생명이 되돌아 올 때 시작되는 몸 느낌과 같을 것이다. 이 꿈이 Sylvia Plath의 시 "여자 나사로"를 떠올리게 한다. 이는 여성의 힘이 스스로를 재탄생시키고 죽음으로부터 자신을 깨어나게 하는 내용이다.

“깨진 꽃병”

1987. 5. 1

내가 엄마와 할머니와 함께 아파트에 있다. 나에게 화병에 꽂인 꽃이 배달 되었는데 화병에 금이 가있다. 엄마와 할머니가 꽃에 대해 찬사를 늘어놓는데 꽃병이 금이 갔다는 걸 알아채지 못한다.

●●● 수잔

Hugh Hefner가 내가 아는 여인한테 이런 꽃병들을 보냈다. 금 간 화병은 상처 입은 여성의 성적인 몸 이미지처럼 느껴진다. 내 엄마와 할머니는 깨진 것도 아픔도 볼 수가 없다. 꽃의 아름다움은 깨진 화병을 가리기 위한 것이다. 금 간 화병은 나에게 몸과 영의 은유처럼 보인다.

●●● 패트리샤

이 꿈의 강력한 이미지는 트라우마의 파괴 효과를 보여준다. 그리고 가족들이 얼마나 쉽게 이를 간과할 수 있는지도 보여준다. 영혼을 담는 몸-그릇으로 화병은 정 가운데 부분이 아래로 금이 가 있다. 꽃도 얼마 가지 않아 시들 것이다. 꽃은 이미 뿌리에서 잘린 상태다.

수잔이 꿈 그림을 그렸을 때, 화병을 받침대 위에 올려놓았다. 여성이 자신의 궤도를 상실할 수 있는 방법 하나가 높게 허세를 부리는 것이다. 어떤 면에서 이 행위는 경의를 표하고 존중하는 것으로 보일 수도 있겠지만 진짜 상처와 고통을 부인한 이상화이기도 하다. "블랙홀" 꿈에서 드러났듯이, 수잔의 여성 가계 즉 할머니, 엄마, 수잔에 대해 말하고 있다. 꿈에서 이 나이든 여인들은 그들 자신의 고통을 볼 능력이 부재하다. 이것이 바로 수잔의 깨진 항아리를 부인하게 만들고 딸에게 더 깊은 상처를 입힌다. 이 이미지는 어떤 종류의 성적 상처를 지닌 여성의 통렬한 상태를 드러낸다. 수잔도 자기 상처를 가면으로 가릴 수 있고 타인은 이를 부인할 수 있다. 그러나 영혼의 그릇은 손상을 기록하고 있다.

“레드의 초대”

1987. 5. 17

얼음처럼 푸른 차를 받았다. 차 안에 기다란 빨간 장갑 한 벌, 빨간 드레스, 빨간 신발이 있다.

●●● 수잔

나는 정말로 이 꿈이 흥미로웠고 이 빨간 드레스를 누가 입는지 알고 싶었다. 알아보기 위해서 나는 이 빨간 품목들을 가지고 깊은 명상을 해서 옷 주인을 불러냈다. 이때가 유일하게 의식적으로 꿈 상태를 만들기 위해, 적극적 상상을 적용했다.

나는 응답을 기다렸다. 그녀가 나에게 왔다. 빨간 옷을 입은 여인이다. 그녀의 이미지가 떠오르자 그녀가 슬프고 고립되어 있다는 걸 알 수 있었다. 그리고 야성적인 머리와 빨간 옷을 입은 그녀 몸에 열정이 있다는 걸 보기는 했지만 그녀의 눈은 해리되어 있다. 나에게 주는 그녀의 메시지는 자기를 해방시켜라. 벽장문을 열어 자기를 나오게 하라는 것이었다. 나는 내 전 삶을 통해 빈번하게 터져 나와서 관계에 재앙을 초래한 이가 바로 이 "레드"였다는 걸 알아차리게 되었다. 그녀와의 이 만남으로 그녀가 있을 자리가 필요하다는 점은 명백했다. 나는 내 존재의 온전함을 위해 그녀를 더 잘 통합하고 싶다.

●●● 패트리샤

수잔은 이 실종된 사람이 지닌 비밀에 호기심이 있었고 흥미로워했다. 빨간 옷을 남겨 둔 사람은 누구인가? 수잔이 그린 그림에서 꿈에 등장한 차는 얼음처럼 푸른색인데 이는 세상을 돌아다니는 빨간 옷 여인의 방식에 차가움이 있다는 것을 나타낸다. 이제 차 문이 활짝 열렸다. 그러나 여인은 없다. 그녀는 옷을 남겨 수잔에게 실마리를 준다. 이 에너지 공개로 인해 수잔에게 레드가 제 모습을 드러내도록 초대하게 만든다. 먼저 적극적 명상을 통해 그 뒤에는 수잔의 그림으로 레드가 출연하도록 했다.

적극적 명상은 융이 발견한 꿈작업 기법이다. 이는 자신의 상상력을 사용하여 꿈에 등장한 이미지나 인물들과 접촉을 하고 드러난 것들을 기록하길 요한

다. 이는 "꿈을 계속 이어가는 꿈꾸기" 방식이다. 이 기법을 이용해 수잔은 레드에 대해 좀 더 많은 정보를 얻을 수 있었고 그런 다음 레드에 관한 그림을 그렸다. 그리는 과정 자체가 꿈에 다른 차원을 더하게 된다.

레드의 출현은 수잔에게 상처 입은 여성의 성을 체현하는 쪼개진 꿈 인격이 있다는 첫 징후 중 하나다. 적극적 명상을 통해 레드를 알아차리는 행위와 레드를 그리는 행동은 수잔이 레드와 좀 더 친숙해지도록 만든다. 수잔은 레드의 외로움과 소외감을 느낀다. 레드의 "해리된 눈"도 알아차린다. 이는 레드가 트라우마를 겪었다는 걸 어느 정도는 알게 한다. 수잔은 또 레드의 머리에 열정적인 야성이 있다는 걸 보지만 마치 깨진 화병에 꽂힌 꽃처럼 레드는 부서지기 쉽고, 단절되어 있고, 취약한 상태다. 우리 자신의 어떤 분리된 부분, 어떤 통합되지 않는 측면은 우리에게 부서지기 쉽고 취약한 느낌을 남기는데, 이게 바로 레드의 경우다.

레드의 첫 출현은 로렌스 랭거Lawrence Langer가 사람들이 강제수용소에서 어떻게 소위 "즉흥적인 자기"라 부르는 것을 만들어내는지 묘사한 내용을 상기하게 만든다. 이 "즉흥 자기"는 도덕적 혼돈 속에서 태어난다. 트라우마 환경으로 인해서 통합된 자기라는 자양분을 받는 뿌리로부터 단절이 되었다. 후에 생존자들의 증언에서, "즉흥 자기"는 일종의 "침범 받은 자기"로 등장하는데, 이는 원통함과 굴욕의 근원이다. 내 느낌으로는 수잔에게 레드는 "즉흥 자기"라고 할 수 있다. 비록 이 시점에 수잔의 전체 이야기를 알지는 못하지만 수잔이 부분적이고 급조된 인물이라는 것은 안다. 이 인물은 열정과 상처입은 여성의 성의 상처, 둘 다를 지닌 인물에 관해 우리들에게 소개하기 위해 고안되었다. 레드를 만나게 되어서 아주 기쁘다.

"수호자들"

1987. 7. 2

커다란 외양간 문이 열린다. 그 안에 나무로 만든 커다란 바지선 모양 마차가 있는데 말들이 마차를 끌고 있다. 침묵하는 커다란 운전자가 장비를 외양간에서 끌어낸다. 우리가 타고 천천히 나아간다. 다리를 건너고 있다. 개들이 다리 양쪽에서 인도를 한다. 개들이 바지선-마차를 끄는 존재들이다.

●●● 수잔

외양간은 깊고 어둡다. 꿈에 두려운 느낌은 없다. 단지 여정에 대한 준비가 되어 있고 기대감만 있을 뿐이다. 운전자는 신비로운 남자다. 아주 서서히 나아가는데 의미심장하고 심사숙고한 행위이다. 내 수호자들이 다리 양 측면에 위치하고 있고 나는 다리를 통과하는 게 안전하다는 걸 안다. 개가 어두운 밤 내내 마차를 끌 것이다. 이는 나에게 아주 중요한 어떤 곳, 꿈이 나를 인도하는 곳으로 향한다. 나는 이 방식이 거기로 가는 길임을 전적으로 신뢰한다.

●●● 패트리샤

이 꿈은 아주 깊고 신비로운 이미지를 지닌다. 나는 이 꿈이 카론Charon이 등장하는 고전적인 밤바다 항해 꿈이라 인식한다. 카론은 저승의 강을 건너게 해주는 뱃사공으로 사자의 영혼들을 다른 세계로 데려다준다. 이 여정 즉 지하세계로의 하강은 엄밀히 말해 영혼을 마지막 기착지로 데려가는 것에 관한 것은 아니다. 이 여정은 특별히 넋드림을 위한 것인데, 아픈 사람 넋의 잃어버린 부분을 찾아 데려오는 것이다.

이 꿈의 신화적인 느낌 때문에 나는 엘리아데의 책으로 돌아가 샤먼이 하는 지하세계로의 하강에 관해 읽는다. 엘리아데가 말하길, 두 결정적인 인물이 있는데 개와 문지기나 영혼을 나르는 뱃사공이다. 또 다리 모티브도 등장한다. 신화에서 개들은 종종 저 너머의 세계로 갈 때 치유와 보호를 하는 호의자라 묘사한다. 수잔의 꿈에서 이들은 문지방의 수호자이자 바지선-마차의 마부다. 무속 전통에서 문지기나 그리스 신화에서 카론은 영혼을 최종 목적지로 데려간다.

수잔의 꿈에서 침묵은 결정적이라 느껴진다. 거대한 신비로 통과의례가 진행될 때, 침묵이 요구된다. 지하세계의 여정 또한 우리를 언어의 영역에서 멀어지게 만든다. 대화는 다른 영역에서 일어나는 것이다. 여기서 다리는 교차 즉 다른 영역으로 다리놓는 걸 의미한다. 엘리아데는 샤먼의 하강 이야기에서 다리는 두 우주적 영역을 연결하고 존재의 한 모드에서 다른 모드로 통과 즉 비법을 알지 못하는 자에서 비법 전수가 된 자로의 통과를 의미한다고 언급한다. 이 교차를 묘사하는 어떤 이야기들에서는 죄인은 건너갈 수가 없고 심연으로 빠진다고 한다.

우리는 이 꿈을 통해 우리 여정이 아주 깊은 자리로 들어가고 있다는 걸 느낀다. 암묵의 의미심장함이 심오한 취지의 아우라를 부여한다. 잠재적으로 불길한 기운에도 불구하고 수잔의 안전감과 나의 신뢰감은 우리가 꿈의 방향이나 의도와 동일한 태도를 취할 수 있도록 해준다.

"아리아드네"

1987. 7. 4

받침대 위에 여신이 서 있다. 여신은 신발을 벗고 자기 포즈를 푼다. 여신은 그녀의 돌 조각상이 교체되기를 기다리고 있다. 안녕의 여신이다. 나는 여신의 이름을 아는데 "아리아드네"다. 조각상은 처음에는 여신이다가 그 뒤 돌로 바뀌고 그리고 다시 여신이 된다.

●●● 수잔

잠에서 깨어날 때 "아리아드네"라는 이름이 내 입가에 맴돈다. 나는 이 이름을 거듭 되풀이해서 부른다. 여신이 누구인지 내가 왜 이 이름을 입으로 되뇌이는지 모른다. 받침대 위에 놓인 여신은 바다로 난 길목에 서 있다. 여신은 몸을 구부려 자기 신을 벗는다. 여신은 출발할 준비가 되었으나 돌로 된 자신이 교체되기를 기다려야 한다. 여신은 처음에는 여인의 모습이나 돌로 바뀌고 다시 여인으로 바뀐다. 나는 이 이미지를 이 꿈꾸기 즉 치유 과정을 거치며 일어날 탈바꿈 중 하나라 이해한다.

●●● 패트리샤

우리는 모두 신화적 기억이 있다는 걸 상기하게 만드는 꿈 중 하나다. 비록 수잔이 아리아드네 신화를 몰랐지만 꿈속에 수잔은 알고 있었고, 이 신화적 인물을 수잔 이야기로 소개한다. 나 자신이 신화 공부를 하는 학생이었기에 나는 아리아드네가 그리스 이전 시대 사랑의 여신이었다는 걸 안다. 떼세우스가 미궁에서 재탄생의 여정, 즉 영혼의 중심으로 들어갔다 나오는 자궁 속 여정을 할 때 실타래를 잡고 있었던 이가 아리아드네다. 또 아리아드네는 버림받은 여인의 전형이다. 연인 떼세우스가 낙소스 섬에 그녀를 버리고 떠난 배신으로 인해서 아리아드네는 "죽음에서 거듭나기"라는 고통을 겪도록 남겨졌다. 이 고통을 견디면서 아리아드네는 인간에서 여신으로 탈바꿈한다. 물론 나는 수잔의 꿈이 이 특별한 이미지를 찾아서 우리에게 보내준 것이 놀랍다. 꿈 이미지는 우리가 이 여정에서 어느 지점에 있는지 정확하게 읽을 수 있도록 도움이 된다.

다시, 받침대 이미지가 등장했다. 이번에는 금이 간 화병을 올려두었던 받침대 보다 훨씬 더 정교하고 상징적이기는 하지만 말이다. 아리아드네가 받침대 위에 서 있다. 이 자리에 얼어있는 동안에 아리아드네의 에너지는 접근도 이용도 불가능하다. 얼어붙은 사람, 돌로 변한 사람에 관한 신화와 민담이 많이 있는데 대게는 어떤 걸 위반해서 벌로 그렇게 된다. 롯의 아내는 소돔과 고모라를 떠날 때 소금 기둥이 되었다. 그녀의 죄는 호기심 즉 뒤돌아본 행위였다. 수잔의 꿈에 등장한 여신은 얼어붙어서 그 자세를 취하고 있었던 것 같다. 이는 "즉흥 자기" 즉 트라우마로 조작된 페리소나 이미지일 수 있다. 또 얼어붙은 감정, 그 자세로 고착된 이미지일 수도 있다. 그녀가 언제나 이런 식은 아니었다는 어떤 확인이 있다. 그녀는 돌로 화하기 전에 여인이었다. 이제 다시 생명으로 되돌아오기 시작했고 그 자세를 깨고 돌 조각상 자신이 대체되기를 기다리고 있다.

이 꿈의 배경도 중요하다. 아리아드네가 서 있는 위치는 바다라는 무의식의 깊이로 들어가는 입구나 통로다. 그녀는 돌 상태로 들어갈 수가 없다. 가라앉을 것이기 때문이다. 따라서 돌조각상이 대체되기를 기다려야 한다. 마치 정신이 무의식으로의 여정을 시작하기 위해서는 약간의 온기가 있고 인간적인 감정을 지니고 있어야 한다고 말해주는 듯하다. 이 꿈은 우리들에게 이 여정을 할 또 다른 필요한 준비를 보여준다.

"샤먼과 스푸트닉"

1987. 7. 5

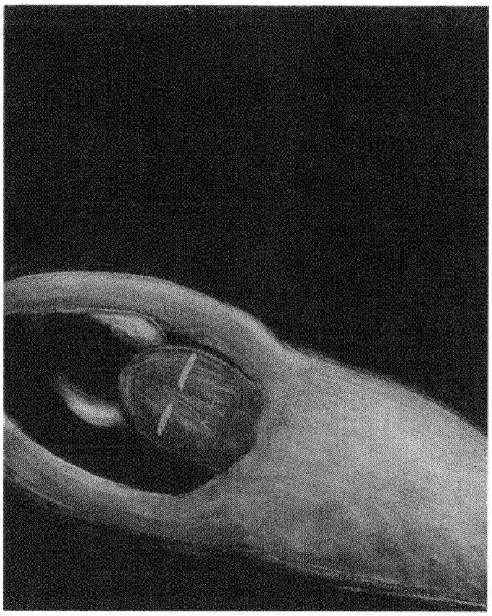

나는 예술작품을 관람한다. 내게 동화책이 있다. 책 표지에는 깊은 보라빛 벨벳 같은 공간에 거기를 가르지르는 로켓과 야수같은 인물이 보인다.

●●● 수잔

이 꿈 이미지에는 찾아 돌아다니는 느낌이 있다. 보랏빛 허공은 유혹적이다. 어린이 문학책이 내 어린 시절 숨겨진 이야기와 연결되어 있는지 의구심이 생긴다.

●●● 패트리샤

꿈에 등장하는 짙은 보랏빛 벨벳 같은 공간은 우리를 매혹시키고, 어리둥절하게 만들고 여전히도 그렇다. 이런 깊은 공간의 체험은 말로 형언하기가 어렵다. 수잔은 이게 유혹적이라 느끼고 우리를 그 신비로움으로 빨아들인다.

수잔은 이 꿈을 "샤먼과 스푸트닉"이라 제목 붙였다. 꿈의 의미에 관해서 이 제목이 실마리를 제공한다. 다시 나는 엘리아데로 돌아간다. 그는 샤먼의 가장 위대한 임무 중 하나는 하늘과 땅 사이의 소통 가능성을 회복하는 것, 즉 하늘과 땅 사이에 난 간극에 다리를 놓는 것이라 한다. 샤먼의 여정은 두 방향이다. 하나는 앞서 꿈에서 보았듯이 지하세계로의 하강이고 다른 하나는 이 꿈에서처럼 천상으로의 상승이다. 두 여정 다 회복 즉 잃어버린 넋을 다시 불러들이기 위해서 이루어진다. 엘리아데는 샤먼이 지하세계로 침투하고 하늘로 상승하는 광대한 공간을 돌아다닐 수 있는데 이는 샤먼이 이 "외계의 영역"에 대한 통과의례를 거쳤기 때문이라 한다. 이 금지된 영역에서 길을 잃을 위험은 여전히도 크다. 그러나 통과의례를 위해 축성이 이루어졌고 그의 수호령들이 비치되어 있어서 신화적 지형으로 이 위험한 도전과 모험을 감행할 수 있는 유일한 존재가 샤먼이다.

또 이 개념을 정신의 상호 다른 영역들 간에 적용할 수가 있다. 어떤 꿈들은 의식 세계와 무의식 세계를 재연결하지 않으면 안 되는 듯하다. 특별히 학대 트라우마가 억압이 되고 망각 상태일 때는 꿈 자체가 샤먼 역할을 하여 사자의 세계 혹은 잃어버린 기억의 자리로의 "어려운 통행"을 한다. 꿈이 잃어버린 기억을 의식으로 되가져오기 위해 대화를 재개하고 우리에게 온전함과 조화에 대한 새로운 감각을 제공한다.

심리학적 언어로 바꾸어 말하자면 트라우마는 정신의 파편화, 해리, 몸과의 분리를 초래하게 되는데 이는 엘리아데가 묘사하는 것과 유사한 상황을 말한다. 영성적으로 말하자면 끔찍한 일을 대면할 때 어떻게 혼이 몸을 떠나는지에 관한 것이다. 치유와 온전함을 회복할 수 있도록 잃어버린 영혼의 조각을 되찾을 필요가 있다. "샤먼과 스푸트닉"은 이런 넋드림 미션의 한 사례일 따름이다.

수잔의 그림에서 샤먼은 가면을 쓴 것 같은 얼굴인데 뿔이 달려있다. 나는 "스푸트닉"이 정보수집을 위해 우주로 쏘아 올린 인공위성의 러시아 이름이라는 걸 기억한다. 의미를 찾아보고 스푸트닉이란 단어는 "벗"을 뜻하고 산스크리트어 "길, 경로, 코스"라는 의미와도 연관되어 있다는 걸 알았다. 꿈 이미지는 스푸트닉 즉 여정의 벗이 우주 공간을 향해 나아가고, 샤먼이 이를 뒤따르며, 우리에게 돌아오도록 하기 위한 정보의 경로를 열어내는 것을 보여준다. 수잔의 경우가 어린 시절 초기, 트라우마적 사건으로 인해서 영혼의 조각이 외부 공간으로 떨어져 나갔을 순간을 보여주는 현대판 이미지라는 느낌을 받았다. 나는 샤먼이 하늘과 땅의 대화를 확립하기 위해 두 영역 사이에 다리놓기를 하는 이미지를 떠올렸다. "샤먼과 스푸트닉", 꿈에 등장하는 피조물과 그 인물의 임무에 적절한 이름이다. 이 이름이 어린이의 영혼의 이야기를 땅으로 되가져오도록 우리를 도와주고 있다.

"악어 타기"

1987. 8. 18

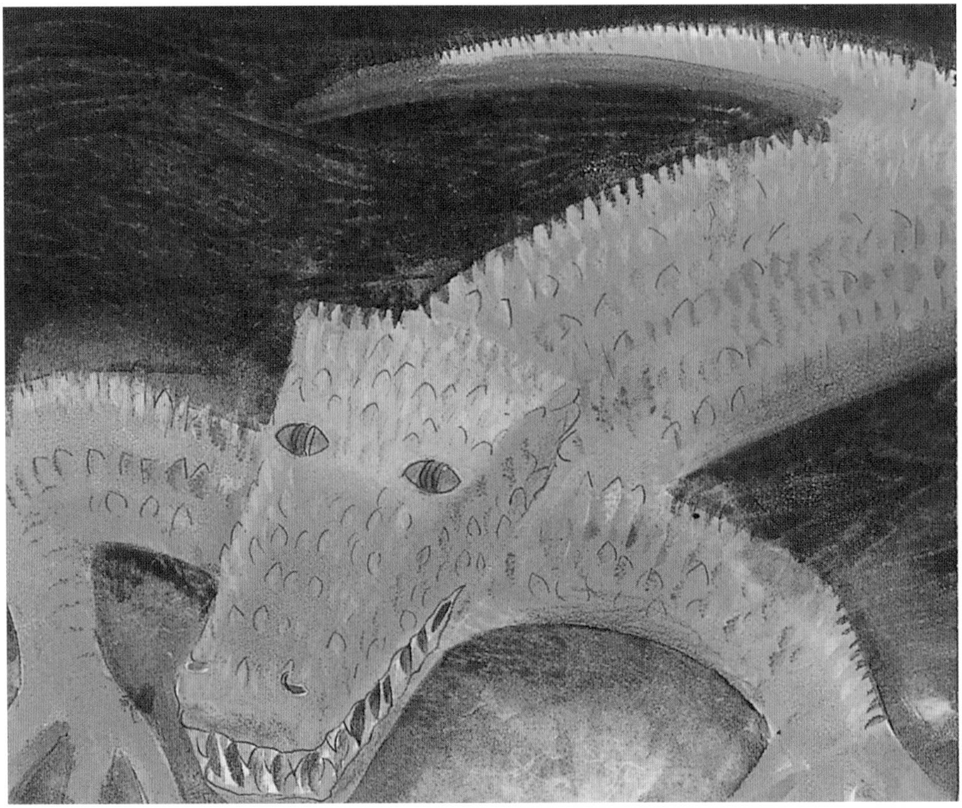

악어 꼬리를 타고 있다. 나는 놓칠까 무섭다. 붙잡고 있기도 무섭다.

●●● 수잔

손을 떼면 잡아먹힐 것이다. 매달려 있으면 익사할 것이다. 이러지도 저러지도 못 한다. 이 순간 옴짝달싹 못 한다. 두려움이 내 자신을 직면하는 걸 막는다. 진실을 대면하는 건 죽음처럼 느껴진다.

●●● 패트리샤

이 꿈은 우리 작업의 중추적인 순간을 묘사하고 있다. 양쪽 가능성이 둘 다 죽음으로 끝나는 선택권이 없는 선택으로 여겨진다. 지난 꿈에서 묘사하듯, 깊은 허공인 우주 공간에 도달에서 이제 수잔은 끔찍하게 위험한 수면 아래의 깊이로 뛰어들고 있다. 악어 꼬리에 매달려 있어 뭔가를 잡고는 있다. 지금 수잔은 계속 잡고 있든지 놓아버리든지 둘 중 하나를 택해야 한다. 내가 수잔에게 악어는 이집트 신화 특히 "사자의 서" 같은 곳에서 사자들의 영혼의 자리인 바르도 상태의 가혹한 수호자라 말해준다. 탈출과 추방의 주술이나 마법이 필요하다. 이미지를 만드는 작업이 도움이 된다. 이 그림에서 색깔에 주목할 필요가 있어 보인다. 짙은 붉은 배경에 거부감이 드는 녹색이다.

“항복”

1987. 10. 2

검과 방패로 사무라이가 전쟁을 한다. 그들의 영웅인 사무라이의 아름다운 아내를 찾고 있다. 그녀는 애인과 함께 지냈고 명예를 더럽혔다. 그들이 그녀를 잡았다. 그녀는 엎드린 채 하얀 목덜미를 내밀고 소매로 머리를 감싸고 검이 목을 내려치길 기다리고 있다.

●●● 수잔

진실에 몸을 맡기기 위해, 중독을 포기하고 거짓을 중단하고 남겨진 것을 대면하기 위해 이 상징적 죽음을 기꺼이 맞이해야 한다. 이 길이 어디로 데려갈지 분명치 않지만 내가 거기를 가야한다는 걸 믿는 것이 필요하다. 내가 이 과정에서 일어나는 대로 내맡기는 것처럼 꿈속 여인은 자발적으로 칼날에 몸을 맡긴다.

●●● 패트리샤

악어 타기 딜레마에 관해서 꿈이 주는 답이 여기 있다. 이 이미지는 심오한 복종의 느낌이다. 어떤 해가 되거나 벌을 받는 것보다는 진실의 검에 내맡기는 쪽에 훨씬 가까울 것이다. 이 꿈에서 두려움도 저항도 찾아볼 수 없다. 대신 운명을 맞이할 준비나 의지가 보인다. 머리카락을 앞으로 내려 아름다운 하얀 목덜미를 향하게 하는 우아한 자세는 꿈의 여인이 희생을 하고, 수용을 하겠다는 표식이다. 오래된 파괴적 패턴을 단념하고 그녀의 습관적인 사고나 믿음이나 태도를 포기함으로 수잔은 정신에서 뭔가 훨씬 깊은 진실에 복종을 한다. 진실의 검에 목이 잘린다는 것은 오래된 설계, 세상을 건축하는 낡은 방식에서 그녀 마음을 해방시킬 필요가 있음을 말한다. 저항과 혼란과 자기 회의를 종식하고 명징함과 알아차림의 새 질서를 향하는 급진적인 행동이다.

“찻잔”

1987. 10. 4

내가 엄마 집에 있다. 엄마는 나에게 오래된 사진들을 보여주신다. 한 장은 외할아버지 사진이다. 찻잔 가득 들어 있는 것은 아이 모자와 아기 핀같은 오래된 작은 것들이다. 엄마는 나한테 성도덕에 관한 훈계를 한다. 엄마가 울음을 터뜨린다. 엄마를 위로해주려 가까이 갔지만 엄마는 울음을 멈출 수가 없다. 엄마가 나의 중독을 도와주면 나는 엄마의 중독을 도와주겠다는 제안을 한다. 그런 다음 나에 관해 글쓰기 한 것을 사랑하는 사람에게 준다. 그러나 한 페이지를 보여주고는 다시 돌려받는다.

●●● 수잔

엄마가 뭔가 아주 중요한 걸 보여준다. 찻잔 속에 가득 들어있는 내 어린 시절 물건인 베렛 모자와 아기 핀들이고 외할아버지 사진도 보여준다. 엄마가 나에게 내 어린 시절에 관한 실마리를 준다. 할아버지 사진과 아기용품을 성 도덕에 관해 괴로운 이야기를 하면서 제시했다. 엄마한테는 견디기 힘든 것이다. 이 꿈에서 보면 우리 둘 다 문제가 많다. 나는 내 이야기를 누군가와 나눌 준비는 아직 되지 않았다고 말한다.

●●● 패트리샤

이 꿈은 "항복" 꿈 1주일 후에 꾸었다. 마치 복종의 행위가 이 꿈을 준비시킨 것처럼 이 꿈에 수잔의 어린 시절 트라우마에 관한 실마리가 들어있다.

이 꿈 스케치가 수잔이 맨 처음 그린 밑그림이고 그리고 우리가 이런 식으로 세션을 진행해왔다는 걸 보여주는 샘플이다. 이 그림에 수잔은 머리를 뒤로 묶은 사춘기 어린 소녀로 묘사되어 있다. 또 다시 테이블이 등장한다. 이번에는 엄마와 딸 사이에 놓여 있다. 직접적인 주제가 테이블 위에 있는데, 찻잔 속에는 어릴 때 쓰던 물건들이 들어있다. 엄마가 딸한테 뭔가를 보여주고 있고 과거에 관해 뭔가를 말하려 하지만 엄마 스스로가 심한 갈등 상황에 휩싸여 있어 울음이 터진다. 성 도덕에 관한 고통스러운 설교는 엄마도 도움이 필요하다는 걸 수잔이 알아차리게 만든다. 어떻게든 두 사람은 이 지점에 함께 연류되어 있다. 수잔도 알다시피 자기 이야기를 나누는 결정을 하느냐 마느냐가 우리가 계속 품고 있었는 질문이다. 이 시점에서 꿈은 아직 시간이 되지 않았다고 말해준다. 이야기를 공유하는 것은 아직은 섣부르고 특히 수잔이 직관적 앎의 첫 페이지에 있기에 아직은 알아야 할 내용들이 더 많이 있다.

“의지에 반하여”

1987. 10. 8

아이가 강제로 잡혀 있다. 강력한 남자가 의자에 앉아 있고 아이를 꼼짝 못하게 한다. 다른 남자는 그에게 아이 뺨에 예수의 입술 자국이 있다고 말한다. 그래서 그녀는 축복받았고 석방되어야 한다고 말한다.

●●● 수잔

이 시점에 의자에 앉아 있는 남자가 누군지는 선명하지 않다. 다른 남자는 내가 은총을 받았고, 석방될 만하다고 말한다. 내가 은총을 받았고, 자격이 있다고 생각하자 감동적으로 울음이 터져 나온다.

●●● 패트리샤

엄마가 과거에 관한 이야기를 하려 하고 어린 시절 용품들이 찻잔에 가득한 꿈을 꾸고 얼마 지나지 않아 이 꿈이 등장한다. 이제 어린 소녀가 꿈 세계로 들어간다. 아무것도 없는 방 안 의자에 앉은 남자가 강제로 소녀를 감금하고 있다는 건 자명하다. '그'라는 존재가 소녀한테 압도적인 힘을 지닌다. 꿈 그림에서 이 남자를 거의 옥좌같은 데 앉은 것으로 구성해서 이 남자의 우세함을 강조하고 있다. 아직은 충분히 가깝지 않아 그 남자가 누구인지 아이는 인식하지 못한다. 그의 영향력만 느낄 따름이다.

아이와 함께인 다른 남자가 강력한 남자에게 말하길, 이 아이는 예수가 키스를 했었고, 그래서 특별한 은총을 받은 아이라 석방해야 한다고 말한다. 이 남자는 소녀를 인질로 잡고 있는 압제자로부터 소녀의 석방을 주장한다. 소녀의 운명을 위해서 선과 악의 힘이 협상하는 장면이 수잔에게 깊이 정서적 영향을 미친다. 이 꿈으로 작업할 때 우리 둘 다 이 영향력을 경험했다. 이 꿈으로 인해 두 가지를 알게 되었다. 첫째, 아이 입장에서 보면 여전히도 모르는 힘에 사로잡혀 있다. 두 번째, 누군가 아이의 선함을 인식하고 석방을 위해 애를 쓰고 있다.

어른한테 성적으로 학대를 당한 아이가 어떻게든 가해자에 의해 "선택된", 특별한, 선택을 받은 이상야릇한 느낌을 지니는 게 특이하지는 않다는 걸 안다. 그러나 이 꿈은 "선택된"이라는 끔찍한 의미를 전도한다. 아이는 예수의 키스, 속죄의 키스, 구원의 표식을 받았다고 한다. "변호인"이 아이 석방을 위해 열심히 일하고 있다.

탄원이 일어나는 이 방 그림에서 옥좌에 앉은 남자 영역의 황량함과 아이가 있는 부분의 완전히 텅빔empty이 느껴진다. 이는 나무와 햇살이 반짝이는 밤, 바깥의 자연 세계가 주는 생동감과 자유와는 차단되고 격리되어 있음을 시사한다.

“레드를 위한 라인석”

1987. 11. 8

내가 라인석, 가짜 보석, 드레스를 받았는데 드레스는 내 옷이 아니다.

●●● 수잔

짙은 핑크색 시폰으로 만든 드레스다. 원뿔형 올림머리를 하고 있다. 보석은 옷에 맞춘 것인데 라인석이다. 내 가족들이 준 옷인데 가족들은 이 옷이 나한테 잘 어울린다고 생각한다. 그런데 나는 이게 내 옷이 아니라는 걸 안다. 나는 레드를 찾고 있다. 여기 이것들은 레드의 싸구려, 자기가 깨끗하게 보이려고 마련한 것들이다. 관리를 받아 그녀의 야성적인 머리를 단단하게 묶었다. 핑크 옷은 질이 떨어지고 그녀의 보석은 가짜다. 낙담되는 상황이다.

●●● 패트리샤

여기서 레드라 부르는 꿈 인물의 다양한 버전 중 하나를 본다. 꿈에 그녀는 가짜 옷을 입고 있는 즉흥자기다. 지난 세 꿈들에서 레드의 발달을 추적할 수 있다. 수잔 엄마가 수잔이 아주 어릴 때 겪은 트라우마에 대해 알려주려는 시도로부터, 심리학적으로 어린아이가 강압에 의해 잡혀 있고, 여성의 주체가 거짓으로 꾸며져 있다. 깨진 항아리 꿈에서처럼 가족들은 수잔이 보기 좋다고만 생각한다.

가족들은 겉치장을 한 이 페리소나를 인정하고, 희번드레한 가짜 아래는 보고 싶어 하지 않는다. 이 페리소나는 타인을 속일 수는 있을지라도, 꿈꾼 이는 이게 진짜 자신이 아니라는 걸 안다. 이 모습은 그녀 자신과 타인들에게 진실을 숨기도록 자신에게 제공된 것들로 만들어낸 부분 자기이다.

이 꿈과 꿈 그림은 우리 내면에서 쪼개진 자신이 어떻게 발달하고 어떻게 이런 자신을 붙들고 있는지 그려 볼 수 있게 해준다. 오히려 자만의 아니꼬움으로 단속한 턱과 치켜든 입술로 잘난 척하는 여인은 흔히 상처와 수치심하고는 모순되는 것처럼 보일지모르나, 하지만 이게 그녀 이야기의 핵심이다.

"하늘의 축하연"

1987. 11. 9

나무 사이에 동쪽 하늘 전체가 유성들로 환하다. 하늘이 대단히 밝고 강렬하게 요동을 친다. 나는 이게 축하를 해주는 꿈이라는 걸 안다.

●●● 수잔

진짜 축하연을 벌이는 첫 꿈이다. 나는 내 꿈이 나에게 하게 만드는 것 즉, 비극을 대면하고 고통을 느끼는 힘겨운 일들을 하면, 아름다움과 기쁨이 부상으로 주어진다는 걸 안다. 꿈 세계에는 트라우마와 보상 사이의 끊임없는 균형이 존재하는 것 같다. 이 축하 꿈으로 인해 내가 아픔으로 인해 과부화가 걸리지 않을 것이라는 확신이 든다.

그림에서 오른편 빨간 집이 왼편에 녹색 집하고 나란히 있다. 이 두 대조되는 색의 에너지가 종종 내 작업에 등장한다. 빨강은 생명과 열정, 녹색은 병과 죽음처럼 느껴진다.

●●● 패트리샤

한겨울에 이 꿈을 꾼다. 장엄한 밤하늘에서 벌어지는 현상을 우리에게 보여준다. 내게는 우리 알아차림의 중요성이 우주적으로 등재되는 것을 암시하는 듯하다. 별들이 움직이고 별자리도 바뀐다. 수잔은 이 장관을 목격한다. 그리고 이를 긍정적인 사인으로 받아들인다. 우리는 하늘에서 경이로움을 느끼고 어떤 사인을 찾는다. 꿈에 움직임이 지상이 아니라 천상에서 일어난다. 우주가 어떤 깊은 방식으로 이 과정에 응대하고 있다. 레드의 집인 빨간 집은 프레임 안으로 좀 더 가득 들어오고 반면에 병든 녹색 집은 프레임에서 퇴각한다.

"스핑크스"

1987. 11. 11

내 연인이 빨강과 검정 옷을 걸친 내 사진을 한 장 가지고 있는데 앵그르 그림의 오달리스크 같은 포즈를 취하고 있다.

●●● 수잔

아트로 전환하는 과정을 거치는 동안 무의식이 나에게 꿈 이미지에 대해 알려준다. 창작 과정에 오달리스크가 스핑크스의 이미지로 바뀌었다. 어떻게 이렇게 되었나?

그림을 살펴본다. 한 여인이 드러누워 있다. 나는 이 이미지를 지우고 내가 본 것을 단순화하고 싶은 생각이 든다. 내가 이 여인에게 준 포즈는 마티스의 누드로 각이 지고 추상적이다. 여인의 형태를 좀 더 추상적으로 표현하자, 여인은 개인적인 중요성을 상실하고 좀 더 보편적 여인의 형태로 진화한다. 그녀의 존재를 느껴보자 엄청난 지식과 지혜를 겸비한 여인이라는 게 나에게 분명해진다.

내게 오달리스크는 여성의 성을 노예화하는 이미지다. 반면 스핑크스는 침묵하는 지식의 수호신을 의미한다. 스핑크스의 현존은 나에게 풀어야 할 수수께끼가 있다는 걸 가리킨다. 스핑크스가 열쇠를 쥐고 있다. 꿈에 빨강과 검정 두 색깔이 있다. 내가 그림을 그리자 오달리스크의 붉은 성적인 힘이 스핑크스의 검은 신비와 뒤섞인다.

이 꿈은 나에게 나의 남/녀 관계와 나 자신의 성性과의 관계를 조사할 필요가 있다고 말해주는 듯하다. 의문이 일어난다. 내가 어디에서 노예화되었나? 왜? 답은 과거를 조사하는 데 있고, 기억해내는 과정에 있다.

●●● 패트리샤

꿈에 "연인이 그림을 가지고 있다." 다른 말로 하면 연인은 어떤 류의 여성의 성에 대한 투사와 판타지와 스테레오 타입을 지니고 있다. 수잔이 지적하듯 앵그르의 그림은 여성의 성이 노예화한 전형적인 이미지 중 하나다. 오달리스크는 성 노예로 할렘의 내연의 처다. 그림 속 여인은 오로지 성적 중요성만 지닌다. 유혹하는 자세로 누워 할렘의 소유자인 여인의 마스터와 화가의 응시 둘 다에 성적으로 예속되어 있다. 보는 이의 기쁨을 위한 것이다. 우리는 그녀가 뭘 느끼는지 알지 못한다. 단지 그녀의 수수께끼 같은 응시만 바라볼 뿐이다.

꿈 이미지를 그림으로 옮기는 과정에 수잔은 오달리스크가 스핑크스로 탈바꿈하게 놔둔다. 스핑크스도 다른 고전적 여성 이미지의 전형인데, 고대에는 여성의 지혜를 상징했다. 나는 고대 이집트 신화에서 스핑크스는 사자 머리에 날개가 달린 여신 하토르라는 걸 안다. 여신은 신화적 수수께끼를 내는데 답을 하지 못하면 죽인다. 그리스 신화에 스핑크스는 오이디푸스에게 수수께끼를 낸다. 오이디푸스가 정확한 답을 하나 그 즉시 오이디푸스의 통찰이 눈이 멀어 어머니와 근친상관 관계로 들어간다. 스핑크스는 종종 반인 반수로 여성의 본능적 지혜를 결합한 것으로 묘사된다. 스핑크스는 수수께끼를 보유한 신으로 삶의 심오한 비밀을 간직하고 있는 침묵자라 사료된다. 수잔의 오달리스크/스핑크스는 그녀가 자신의 수수께끼를 대면하도록 초대를 하고 그녀의 역사와 현재의 행동에 관해 여전히 미혹하는 질문들에 답을 찾도록 초대를 한다.

“천둥새”

1987. 11. 18

바다 위에서 새들이 내게로 날아온다. 완전히 푸르고 밝고 커다란 새들과 아주 작은 희고 쥐색의 점들이 있는 새들이다. 나는 내 손바닥 위에 내려앉은 새 발의 촉감을 느낀다.

●●● 수잔

꿈에서 아주 작은 새들이 내가 펼친 손바닥 위에 내려앉는다. 새 발은 가볍고 따끔거린다. 내가 새들을 받아들인 게 영예롭게 느껴진다. 커다란 푸른 새들이 날개를 활짝 펴고 아래로 내려온다. 땅을 향해 날아오는 것으로 보인다. 이는 정상적 새들의 비행은 아니다. 내가 바다 위로 하늘에 새들을 그렸을 때 이들은 북미 인디안 천둥새처럼 도식화되었다. 새파란 천둥새는 하늘의 색이다. 이들의 붉은 머리는 의례를 하는 듯하다. 아주 작은 야생의 새 발이 내 손에 주는 황홀감하고 하늘에 커다란 새들이 보여주는 시각적 전시로 인해 이 꿈은 축복처럼 다가온다. 내 꿈들이 내게 계속하라는 격려를 하고 있다.

●●● 패트리샤

멀리 바다 위로 새의 영들이 다가온다. 수잔이 펼쳐서 위를 향하고 있는 손바닥 위로 새들이 내려앉도록 초대를 한다. 그녀는 감각적으로 새들을 느낀다. 수잔은 이 "새들 영혼"하고 접촉을 한다. 새들의 당도는 새로운 영성적 에너지가 투입되는 사인이다. 우리는 이들이 가져온 고양감을 느끼고 이들의 출현이 기쁘다.

나는 엘리아데로 돌아간다. 그는 대다수 신화에서 "새들은 영매다"라고 지적한다. 새들은 사후세계로 영혼을 인도한다. 또한 새들의 비행이 하늘에 접근할 수 있도록 도와주기에, 새들은 영혼 자체일 수도 있다. 이 꿈에서 새들이 도착하고 꿈꾼 이는 이들의 도래가 은총의 사인이라 느낀다. 지지를 하고 영이 고양하는 느낌을 주는 꿈들이 트라우마 신비에 대한 실마리를 주는 꿈들 전후로 등장한다.

“가면”

1987. 11. 29

내가 자기 침대 위에 있는 수잔나라는 여인에게 접근해서 그녀의 가슴을 만진다. 그녀에게 키스하려고 다가가자 내 입술이 없다. 그녀가 나를 밀친다.

●●● 수잔

꿈에 등장하는 여인과 나는 반목한다. 나는 친밀함을 갈구하나 나도 모르는 새 입술 없는 찡그린 가면을 쓰고 있어서 그 여인을 놀라게 만든다. 어떻게 가면이 나의 일부가 되었나? 이 꿈은 복잡하고 험악하게 짠 기억의 일부처럼 느껴진다. 그림에서 여인의 배경으로 붉은색이 보이고 얼굴들은 허옇다. 이는 귀신이나 죽은 사람처럼 색이 바랬다. 이 둘 사이에는 연결점이 없고 단지 가까이 가려 하고 밀어내는 실랑이만 있다.

●●● 패트리샤

우리는 이 꿈에서 "입술 없는 가면"이라는 충격적인 요소를 발견하는데 이를 수잔은 가면으로 인식한다. 꿈에서도 그림에서도 접촉을 하려는 시도를 힘겹게 하고 있다. 수잔나를 향한 수잔의 몸짓은 에로틱하고 감각적이고 욕망을 드러낸다. 수잔나의 거절은 뭔가 잘못된 것 즉 입술 없는 가면에 주의를 기울이게 만든다. 우리가 꿈으로 작업하듯, 이 얼굴의 특질에 관해 질문을 하게 된다. 수잔나라는 이름은 이 여인이 수잔의 어떤 측면이고, 수잔이 가까이 가려 애쓰는 자신의 일부라는 개념을 알아차리게 한다. 그림에서 붉은색이 꿈의 분위기를 정한다. 이는 뭔가 레드에 관한 이야기다. 우리는 기이한 "입술 없는 가면"이 뭔지는 이해는 못하지만 느낌은 불길하고 혐오스럽다. 수잔은 자신의 얼굴을 바라보고, 그리고 자기가 한때 썼을 가면과 동일시해 보는데 몹시 혼란스러워 한다. 키스하려고 시도한 이 꿈은 우리들에게 위협적이고 사악한 느낌으로 남는다.

"폐허가 된 학교건물"

1987. 12. 13

지진이 일어났다. 학교 건물이 뒤집혔다. 내 반려견을 찾는데 건물 바깥에 있는 개를 발견한다. 어깨에 가벼운 상처가 있지만 개는 괜찮고 나를 보고 반가워한다. 우리는 빨간 페인트 깡통들을 얻어 빨간 마차에 싣는다. 이 마차는 외할아버지 것이다.

●●● 수잔

내 지식, 내 학교 건물이 통제할 수 없는 힘에 의해 뒤집혔다. 실체에 대한 내 견해가 불안정하게 되었다. 기억, 신념, 관계 전부가 의문투성이다. 이 지진이 촉진한 것이 무엇인가? 내 수호견이 내 곁에 서 있다.

●●● 패트리샤

이 꿈으로 작업을 하자 알지는 못하지만 느낄 수는 있었는데, 우리가 트라우마 사건을 폭로하는데 꽤 가까이 다가가고 있다는 것이다. 이 꿈이 보여주듯, 수잔은 이 시기에 엄청난 격변을 경험하고 있다. 지진을 겪었던 땅과 어떻게 생각하고 무엇을 생각하는지를 배웠던 작고 빨간 학교 건물이 완전히 전복되었다. 모든 것이 뒤집힌 상태다. 한때 진실이라 배웠던 것이 진실이 아니다. 이는 수잔이 느끼는 배신의 정도를 의미한다. 그러나 가장 충직한 동료이자 보호자인 반려견의 등장이 우리 둘에게 용기를 준다. 개는 이 엄청난 전복에도 경미한 상처만 입었을 뿐이고 여전히 함께한다. 민첩하고 도움을 받을 수도 있다. 아무도 다치지 않았다. 종결부에 작은 행위가 일어나는데 여기 빨간 페인트와 빨간 마차가 등장한다. 빨간색으로 인해 우리가 레드의 영역에 있다는 걸 안다.

"머리 빗질"

1987. 12. 13

> 우리가 서로를 치장해 주고 있다. 내가 그녀의 머리를 만져주자, 그녀의 치장이 끝난다. 내가 그녀의 딸이다.

●●● 수잔

이 꿈은 "폐허가 된 학교 건물" 꿈하고 같은 날 꾸었다. 꿈에서 두 여인 사이에 나눈 친밀하고 사려 깊은 순간들이 드러난다. 이 둘은 서로의 머리를 매만져 주는데 이는 여성들 사이에서 배우는 기술이고 어머니에서 딸에게로 전승된다. 이 행위 자체는 일상적인 것으로 보이나 내가 그림으로 그리자 일상적 영역이 신화적 영역으로 탈바꿈을 해서 이 둘은 부족 사회 여인들의 모습으로 태어났다.

이 탈바꿈이 실제 어떻게 일어났나? 나의 예술가적 민감성이 나로 하여금 이 둘을 검은 잉크로 그리도록 했다. 검정은 단순하고 강력하고 아름답고 비옥한 색이다. 그 뒤에 내가 이 둘을 시간을 초월한 보편적인 영역에 자리매김을 시킨다. 이들의 본질을 만나기 위해 여러 겹 벗겨내자 남겨진 것이 지금 그림에 있는 모습이다. 창작 과정에 예술적 감각이 머무를 자리로 찾아 들도록 하고 준비가 되면 직관적인 결정에 따르도록 허용하는 것이 예술가의 역할이다.

나는 이 두 여인이 감옥에 갇혔던 여성들이 등장하는 첫 꿈하고 연관된다고 생각된다. 이 여인들이 도망을 쳐서 진정한 부족민이 되었다. 이들이 나를 가르치고 지지하게 위해 이 자리에 있다는 느낌이다.

●●● 패트리샤

수잔이 지적하듯, 여인의 머리를 감기고 빗질을 해주는 행위는 일면에서는 아주 평이하고 일상적이다. 그러나 그림이 완성되자, 이 행위에 엄청난 상징적이고 의례적인 의미가 스며있을 수 있다는 걸 알게된다. 일반적으로 머리를 단장하는 행위는 여성의 통과의례 절차에 들어간다는 사실을 알고 있다. 때로 꿈에서 머리 손질을 하는 것은 사고방식의 변화와 연관이 된다. 자신의 머리에서 나오는 것을 재배열하는 것과 관련이 있기 때문이다. 꿈작업을 함께 했기에 수잔과 나의 관계에 대한 설명일지도 모르겠다는 의혹이 든다. 이는 또 수잔의 내면의 모녀관계 이미지일 수 있다. 배신의 주제를 다루는 학교 건물이 전복되는 꿈에 이어 등장한 이 꿈은 모든 것을 다시 생각해야만 하는 과제를 한층 심화시키는 듯도 보인다. 그동안 원주민 종족 여인들의 통과의례같이 지지를 해주는 주제들이 이어진다.

"포테이토맨"

1987. 12. 22

숲에서 야영을 하는데 할머니 집 현관 같은 곳이다. 한 소년이 낙엽을 쓸고 있다. 한 남사 얼굴이 시들어가는 감사처럼 몸 안으로 침몰해 들어가고 있다.

●●● 수잔

할머니 댁 현관에 귀신이 앉아 있다. 귀령은 약하고 위축되었고 힘을 잃어 간다. 귀신이 나한테는 친숙하게 여겨지는데, 처음에는 옛 애인 같았다. 그 뒤 그 남자는 오그라든 할아버지 이미지로 바뀌었다. 빗자루는 정리하고 완전히 청소하는 걸 뜻한다.

이 꿈을 할아버지 장례식 때 꾸었다. 장례에 참석해서 관에 있는 할아버지를 보는 순간 나는 혼란에 빠졌다. 아무런 슬픔이 일어나지 않았다. 아무 느낌도 없었다. 마치 내가 모르는 사람처럼 느껴졌다. 가족들도 낯선 사람들 같았다. 중간지대처럼 실체가 왜곡되거나 학교 건물이 전복되었던 것 같다.

●●● 패트리샤

가을 낙엽을 쓸어내자 시들어가는 귀신인 포테이토맨이 드러난다. 이 자의 모습은 부패의 마지막 단계를 나타낸다. 그림에서 이 남자는 손을 가랑이 사이에 숨기고 있다. 보호하듯이? 아니면 지적하듯이? 비록 첫눈에는 옛 애인이라 생각하기는 했지만, 그럼에도 이 꿈이 수잔이 분명하게 외할아버지라고 인식하기 시작한 첫 꿈이다. 실제 최근에 외할아버지가 돌아가셨다. 수잔은 죽음과 장례를 둘러싸고 이상하게 멍함과 정서적 무감각을 경험했다. 이 사인들로 인해 우리 둘은 혹 외할아버지가 학대자였는지 의혹을 품기 시작했다.

"시운전"

1988. 1. 10

사내아이들이 내 낡은 빨간 스포츠카를 고치고 있다. 비록 이 차가 겨우 달리기는 하지만 차는 빨갛고 제법 아름답다. 아이들은 차가 아직 합법적이지는 않지만 나에게 시운전을 해보라고 한다.

●●● 수잔

빨간 스포츠카가 기계적으로는 완전하지 못하다. 합법도 아니다. 자동차 등록증도 없고, 검사도 받지 않았다. 나는 이 차를 운전해 한 블록 돌아보려 한다. 차를 끄집어내는 게 야생마의 울타리 빗장을 열고 도마뱀들을 해방시키는 것처럼 느껴진다. 조심해서 운전을 해봐야겠다. 나는 여기서 자유의 맛을 보고 있다. 비록 뭔가 취약한 듯하고 조심해야 할 필요가 있기는 하지만 기쁘다.

●●● 패트리샤

전에 꾼 꿈에서 이 차는 얼음 같은 푸른색이었다. 차 안에는 아무도 없었고, 레드의 긴 드레스와 긴 장갑과 구두만 있었다. 이제 빨간색이 바깥으로 드러나 있고 수잔이 운전을 한다. 부분적으로 복원한 그녀의 차로 한 블록 돌면서 새로 발견한 여성성의 에너지를 시험하고 순간적으로 자유의 기분을 맛본다. 꿈은 그러나, 이는 시운전이고 작업해야 할 것들이 더 있다는 걸 알려준다. 이 시점에 모든 것이 제 자리를 찾았다고 생각하며 중단하는 것은 섣부른 종결이 될 것이다. 아직 문제의 소지들이 많이 있다. 이 꿈을 외할아버지가 사망하고 얼마 지나지 않아서 꾸었다. 우리는 할아버지의 죽음이 레드에게 어떤 해방감을 느낄 수 있게 하는 게 아닌가 질문하게 된다.

"메시지"

1988. 1. 19

연인이 내게 랩스커트를 사주고 싶어 한다. 옷들은 아름다운 색깔의 실크 천으로 만든 사롱 챠도르 랩같은 것이다. 나한테 밤하늘 같이 작은 라인석이 달린 검정색 랩스커트를 사준다. 나는 스커트를 밟지 않고 걷는 법을 배워야 하는데 스커트를 약간씩 차면서 걷는다. 내 연인이 여자로 된다. 그녀는 빨간 띠가 있는 검정 사롱을 입고 있는데, 얼굴을 내 뺨에 대고 열정적으로 말을 한다.

●●● 수잔

연인이 주는 메시지는 "너의 열정은 너의 것이야"이다. 열정은 그 누구의 것도 아니다. 누구에 의해 주어지지도 않는다. 이 사실을 알 때 나는 자유다.

이 아름다운 꿈은 에로틱한 열정과 행복감으로 그득하다. 꿈은 내가 과거 깨어졌던 곳, 쉽게 줘버린 것으로 돌아가 내 존재의 일부를 되찾고 있다. 내 에로스, 즉 여성으로의 나의 열정에 대해 대단히 강력하게 통합이 이루어진다. 이 꿈은 재결합이라는 선물로 다가온다.

●●● 패트리샤

꿈이 매우 감동적이다. 여성이면 누구나 들을 필요가 있는 메시지를 꿈이 말해준다. "너의 열정은 너의 것이다." 여기 전 세계 여성들의 옷 이름을 상기하게 만드는 다양한 종류의 옷들이 있다. 전부 아름다운 천으로 만든 것이다. 수잔은 특별한 옷을 받았다. 작은 라인석이 달린 검정색 옷이다. 여기 등장하는 라인석은 예전 꿈에서는 가짜 보석이었다. 지금은 깜깜한 밤하늘을 수놓는 작고 반짝이는 빛 같다. 이 선물은 어떤 기능을 숙련하는 것하고 연관되어 있어서, 수잔이 옷만 받고 떠날 수는 없다. 그녀가 자기 발걸음을 지켜보는 걸 배워야 한다.

수잔이 여인이 되자, 그녀 연인이 특별한 랩스커트를 수잔한테 선물한다. 꿈은 예전에 깨어진 성적 지혜를 통합하는 작업을 계속하고 있다. 연인은 붉은 띠가 있는 검정 사롱을 입고 있는데 이는 이전 꿈에서는 분리되어 있던 두 색이 결합된 것이다. 우리는 이 깊은 층위의 회복 꿈과 꿈 그림이 여성의 통과의례 시리즈를 발전시키는 꿈들에 속한다는 걸 안다.

“외할아버지”

1988. 1. 22

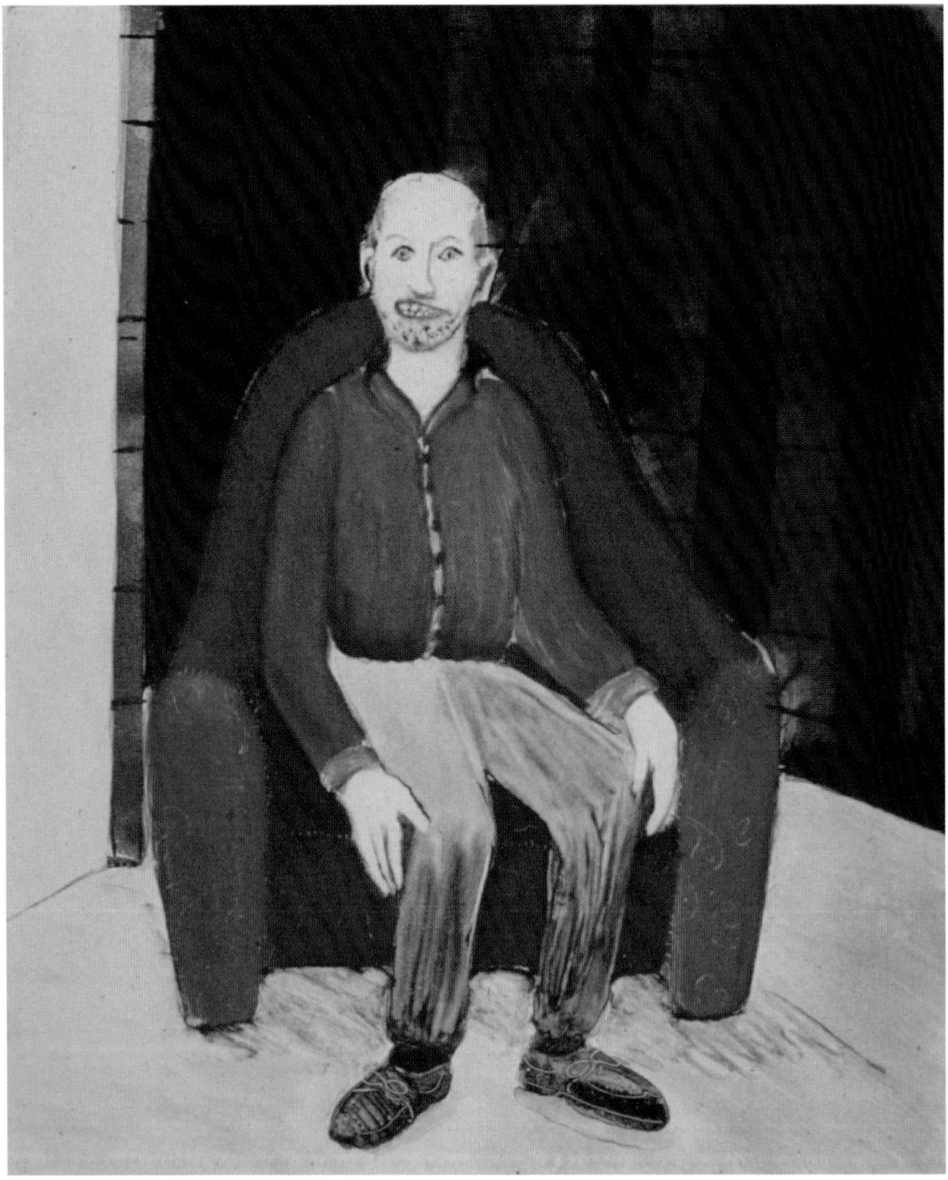

내가 내 곰인형을 안고 집 뒷문으로 빠져나온다. 차고 앞 모퉁이 근처를 걷는데, 누군가가 등 뒤에 있다는 걸 느낀다. 보니 외할아버지가 문 옆 구석에 있는 의자에 앉아 있다. 할아버지는 훨씬 젊다. 할아버지의 뚫어보는 푸른 눈이 나를 흘겨보고 있다. 나를 보고 야릇하게 웃는다. 나는 할아버지가 죽었다고 생각했는데 아니다. 몸에서 오그러드는 충격을 느낀다. 내 입은 비명을 지르려고 벌어졌지만 입에서는 아무 소리도 새어 나오지 않는다.

●●● 수잔

이는 복병 같은 꿈이다. 굉장히 사실적이다. 무서워서 깼을 때 내 입에서는 아무 소리도 나오지 않고 여전히 입은 벌린 상태였다. 만일 외할아버지가 죽지 않았다면 지금도 위험하다. 할아버지 이빨이 드러나 있다. 입술을 움직이지도 않은 채 입가에 감도는 야릇한 미소는 나한테 확신을 준다. 할아버지의 사악한 의도가 느껴진다. 꿈이 온몸에 충격을 주는데 몸이 오그라드는 느낌이다. 나는 비명소리가 안 나오는 이 꿈이, 어린 시절 반복되던 악몽에서도 늘 이랬다는 걸 기억한다.

슬프게도 나에게 치명적인 해를 끼친 사람이 바로 할아버지라는 걸 알아차리기 시작한다. 이번에는 누군가에게 말을 해야 한다. 나는 내 파트너를 깨워 아주 작은 목소리로 속삭이듯이 꿈 이야기를 한다. 그리고는 꿈을 기록하고 이 얼굴을 그린다. 나는 그를 보았다. 확실하다.

●●● 패트리샤

대단히 사실적인 이 꿈은 강한 긴장감과 두려움을 수반한다. 즉각적으로 수잔은 이 꿈을 어린 시절에 꾸던 악몽하고 연결을 짓는다. 외할아버지라고 인식을 하자 이전 꿈들에 등장했던 친숙한 요소들이 머릿속에 떠오른다. 전에 가면을 쓴 수잔의 얼굴이 나오는 꿈에서 흘겨보던, 입술 없는 미소의 출처가 이제서야 드러났다. 이 전에는 어린 소녀를 강제로 감금하고 있는 의자에 앉아 있는 강한 남자의 정체를 몰랐지만 이제 드러났다. 수잔의 꿈 그림에 할아버지는 생기 없는 녹색 셔츠를 입고 강하게 화려한 빨강 의자에 앉아 있다. 레드를 좌고우면左顧右眄하게 해온 사람이 할아버지였던가?

이 이미지가 이 시점에 수잔의 꿈에 등장한다는 사실이 놀랍지는 않다. 우리가 어떤 식으로든 계속 준비를 해오고 있었다. 어린 시절 가족 구성원한테 성적 트라우마를 입은 여인이 당사자가 죽은 후에 기억이 돌아오기 시작한다는 것은 드문 일이 아니다. 기억해내기를 시도할 수 있게끔 죽음이 여성의 정신에서 뭔가를 해소시키는 듯하다. 수잔이 느끼는 가공할만한 공포와 동시에 최소한 우리가 다루는 사람이 누군지는 안다는 데 어떤 안도감이 있다. 두려움에도 불구하고 수잔은 강한 확신을 한다.

"보석상자 1"

1988. 1. 23

내가 나보다 훨씬 크고 훨씬 나이가 많은 남자하고 섹스를 하고 있다. 나는 초연하다. 그냥 거기 누워 일어나는 대로 놔둔다. 우리 주위에 한 무리의 남자들이 둘러서 있다. 그들은 나를 판단하고 비난한다. 나는 나쁘다. 초등학교 시절 내 보석 상자들을 찾기 위해서 옷장 위로 기어 올라간다. 상자가 세 개다. 찾았는데 전부 빈 상자다. 가슴이 찢어진다. 나는 아름다운 보석들이 많았었다.

●●● 수잔

꿈에서 깨어났을 때 우울하고 슬펐다. 온종일 상실감이 따라다녔다. 내 값어치, 내 보석이 가해자의 통탄할 행위로 인해 도둑맞았다.

"보석상자 2"

1988. 1. 26

한 여인이 모래 속에서 돈이 든 잃어버린 내 지갑을 발견한다. 여인이 지갑을 나한테 돌려준다. 여인은 또 도난당했던 내 보석 상자도 돌려준다.

●●● 수잔

이 꿈에서 내 값어치를 되찾는다. 여기 등장한 여인은 치유자인데 내 가치를 재발견하도록 도와주고 있다. 그림을 그리자 여자가 다시 부족사회 여인으로 바뀐다. 아트 작업이라는 의례를 하는 동안에 나는 꿈에 등장한 시각적 이미지를 명상하여 에너지와 연결하고 내 몸으로 실체를 가져와서 이를 도화지에 옮겨놓는다. 내 경험에 따르면 꿈이라는 재료로 아트를 할 때는 의식적으로 의도하지 않더라도 저절로 이렇게 변한다. 그렇지만 도화지에 꿈의 기본적인 특질을 표현하고 나면, 창작에서 일어나는 비평적 사고와 의사결정이 연류되는 과정을 거친다. 그리는 동안에 여인들의 모습이 일상에서 신성으로 탈바꿈된다. 이 꿈이 내 자존감을 회복하기 시작한다는 느낌을 갖도록 도와주었다.

●●● 패트리샤

3일 간격으로 꾼 이 두 꿈은 성적 트라우마에 수반되는 압도적 상실감과 비탄을 대단히 농축된 비주얼과 은유적 방식으로 보여준다. 이어질 떼라피 과정에서 잠재적으로 가능하게 될 회복과 부상이라는 은총도 보여준다.

첫 꿈에서 수잔은 어린 시절 트라우마의 결과를 보고 느낀다. 수잔이 덩치 큰 늙은 남자하고 섹스를 할 때 그녀는 순종적이고 상황에서 분리되어 있다. 자신의 성하고 해리되어 있고 성 경험하고 동떨어져 있지만, 미성숙한 집단 남성성 에너지가 조롱을 하고 손가락질하는 비판의 대상이 되어 있다. 자기 존재감을 회복하려는 노력의 일환으로 수잔은 초등학교 시절로 돌아가 거기서 뭔가를 찾아야 한다. 어린 시절에서 뭔가를 회복해야 하는데 이 뭔가는 옷장 위에 숨겨 두었던 것이다. 수잔은 뭔가를 아는 듯, 기억이 나는 듯한데, 과거에 자기가 소중한 뭔가를 가지고 있었다는 느낌이다. 그러나 이제 꿈에서 찾아낸 것은 텅 빈 보석상자 셋이다. 보석은 없다. 도둑맞았고 사라졌다.

이 꿈은 몹시 큰 슬픔과 상실감을 안긴다. 부당하게 빼앗겼던 것에 대한 깊은 애도와 슬픔이 느껴진다. 수잔은 뭔가 귀한 것이 한때는 자신한테 속했다는 걸 안다. 지금은 도난당했다. 수잔은 강탈당한 폭행을 감지한다. 이 방식으로 꿈이 그녀의 상처치유를 도와주고 있다. 고통스러운 메시지와 상실감에 사로잡힌다. 하지만 이는 치유의 과정에서 중요한 부분이다.

이어지는 꿈에서 한 여인이 수잔이 잃어버렸던 지갑을 찾아낸다. 이 여인이 지갑을 잃어버린 보석상자와 함께 돌려준다. 지갑은 정체성의 이미지인데 모래 속에서 찾았다. 이 지갑이 무의식의 바다에서 씻겨 졌을까? 지갑 속에는 여전히 돈이 들어있다. 수잔의 값어치는 손상되지 않았다. 도둑맞은 보석상자는 수잔이 치유자라 확인하는 이 여성을 통해 돌아왔다. 이 꿈에 원형적 치유자가 응집되어 있다. 치유자는 언제나 수잔에게 속했던, 현금과 함께 자기 정체성뿐 아니라 심오한 영혼의 보물을 되찾아 줌으로 치유를 한다.

꿈이 우리 작업 과정을 반추하고 있을 뿐 아니라, 수잔 내면에서 치유자가 깨어나는 것도 보여준다. 이 꿈은 우리에게 힘을 부여해주고 확신을 주는 이미지를 제공한다. 내면의 힘이라는 필수적인 느낌을 준다.

앞 꿈에서 보석상자가 셋이었던 데에 주목한다. 오직 하나가 되돌아왔다. 나머지 둘은 어디에 있나? 이 둘도 수잔한테 돌아올까? 아니면 돌이킬 수 없을 정도로 상실된 그 무엇일까?

“터져 나오는 크림”

1988. 1. 27

나는 크림이 잔뜩 든 페이스트리를 먹는다. 크림이 내 입으로 뿜어져 나와 가슴 위로 떨어진다. 수치스럽다.

●●● 수잔

수치심이 드는데 나에게 뭔가 나쁜 일이 일어나고 있다고 말해준다. 나는 취약하고 피해자가 된 느낌이다.

●●● 패트리샤

굴욕감과 내장통이 함께 일어나는 이 꿈은 명백하게 성적 학대 트라우마와 연류되어 있다. 수잔의 그림은 생생하다. 소녀의 눈은 공포를 기록하고 있다. 수잔은 얼음 같이 시퍼렇게 마비되어 있다. 배경 벽지는 붉다. 점과 얼룩들이 흩뿌려져 있어 산만한 빨강이다.

"비탄"

1988. 1. 28

소녀가 고개를 떨구고 입을 벌린 채 테이블 위로 침을 질질 흘리고 있다. 처음에 나는 농담이라 생각하고 소녀가 웃을 것이라 생각했다. 하지만 그녀는 고개를 들고 공포로 울부짖고 있다. 이제 모든 장면이 흑백의 슬로비디오다. 소녀는 입을 크게 벌리고 "엄마"라고 외마디 비명을 지른다. 엄마가 깨서 같은 공포로 딸아이 이름을 부른다. 아버지가 일어나 "도대체 무슨 일이야?"라고 말한다. 내가 운전을 하는데 점점 더 가속이 붙는다. 브레이크가 작동을 안 한다. 차가 도로 끝에 처박힌다. 내 사랑니가 빠진다.

●●● 수잔

나는 엄청난 공포 때문에 숨이 턱에 받치는 속도로 달리고 있다. 어린 소녀의 비탄과 공포가 네이팜탄으로 공격받는 마을에서 달아나려고 거리를 뛰어다니며 울부짖는 벌거벗은 베트남 아이 사진을 떠오르게 한다.

꿈에서는 소녀의 고통스런 울부짖음을 엄마가 듣고 느낀다. 아버지는 벌어지고 있는 상황을 이해하려 한다. 가족은 가족이다.

●●● 패트리샤

기억하기 과정이 강화되자, 한 주 간격으로 트라우마 꿈이 홍수처럼 들이닥친다. 브레이크 없이 질주하는 차가 정확한 느낌을 표현하는 듯하다. 말 그대로 지금은 브레이크가 없다. 이 꿈들은 공포와 수치심으로 가득하다. 꿈 이미지들은 무엇이 일어났는지 말해주고 있고 동시에 어렸을 때 트라우마와 연관된 강력한 감정들하고 이어진다. 꿈에서 엄마는 완전히 감정이입이 되는 듯 반응한다. 폭행당한 딸들은 누구나 이 엄마가 보이는 격렬한 느낌을 필사적으로 필요로 하고 갈구한다. 비록 수잔이 아직은 기억해 낸 내용을 엄마한테 말하지는 않았지만 꿈에 등장하는 엄마라는 존재가 처음부터 이 이야기에 속한다는 걸 우리는 알고 있다. 꿈에 아버지는 모녀가 표출하는 감정의 강도 앞에 어쩔 줄을 몰라한다.

비록 배경이 되는 벽지가 대단히 어둡기는 하지만 수잔은 공포에 사로잡힌 소녀 옆에 촛불을 켠다. 영혼에 알아차림의 빛이 여전히 빛을 내고 있다.

"춤추는 여인들"

1988. 1. 29

나는 블루밍데일로 휴가를 간다. 가게 안은 가난한 흑인 여인들이 가득 들어차 있다. 이들은 검정과 빨강 색 드레스 차림이다. 모두가 흑옥 보석으로 치장하고 있다. 우리는 함께 둥근 원을 만들어 손에 손을 잡고 노래하고 춤춘다.

●●● 수잔

내 꿈에 부족 여인들이 돌아왔다. 기쁨과 우정이 우리를 달라지게 한다. 드레스를 입고 보석으로 치장하는 것이 우리 자신을 존중하고 경축하는 표식이다. 지난주 공포의 꿈들로부터 일시적 휴식이고 위로다.

●●● 패트리샤

이 꿈은 기차를 같이 탄 가난한 흑인 여인들이 등장한 첫 꿈하고 공명한다. 꿈 속 여인들은 검정과 빨강 드레스를 입고 있는데 이제 우리는 검정을 심적 통합의 사인이라 인식한다. 깊은 밤의 색이자 무의식의 색인 검정이 열정, 성, 생명의 색인 빨강하고 짝을 맞춘다. 수잔은 완전 검정을 입는다. 수잔의 통과의례는 여전히 진행 중이다.

가슴 찢어지는 꿈들에 이어 꾼 이 휴가/축하 꿈은 우리들을 고무하고 행복한 위안을 선사한다. '기억하기'라는 어려운 과업으로부터 필요한 휴식을 제공해 준다. 마찬가지로 심오한 차원의 치유가 진정으로 일어나고 있다는 확신도 선사한다.

“횡단”

1988. 2. 7

신발을 벗고 지협을 걸어서 건넌다. 나는 검정 양말을 신고 있다. 말이 끄는 마차에 올라타고 마차는 높은 파고가 일렁이는 바다로 들어간다. 목적지는 아주 멀리 있다. 마부가 여인인데 이 여인이 나에게 말이 전에 바다를 헤엄쳐 본 적이 한 번도 없다고 말한다. 무서운 여정이다.

●●● 수잔

파도가 거칠어 말이 힘겹게 나아가고 있다. 우리는 멀리 가야 한다. 말이 이 바다를 건너갈 정도의 힘이 있는지 나는 확신이 없다. 악어 꼬리를 타고 있는 꿈처럼 느껴진다. 단지 여기서는 내가 꼬리에만 매달려 있는 상태보다는 나은 위치다. 목적지도 있고 데려갈 말과 마부도 있다. 나는 참고 계속 나아가기로 마음먹는다. 이 꿈은 회복 과정은 아직 갈 길이 멀다는 걸 말해준다. 동시에 마력과 안내자의 이미지로 나를 도와주려 한다.

●●● 패트리샤

이 꿈에 수잔은 여전히 검정 옷을 입고 있다. 지난 꿈의 잔재 같다. 수잔은 신발을 벗어 맨발이다. 이 용어("discalced")는 맨발로 사는 종교단체에서 사용한다. 신화에서 지하세계로 들어가는 사람들은 신발을 신지 않는다. 이들은 일상 세계의 신발을 신지 않는다. 즉 지상의 걸음은 걷지 않는다. 따라서 이런 꿈의 세부사항들이 우리로 하여금 지금과는 다른 더 심화된 단계에 대해서 경각심을 갖도록 한다. 지협은 바다와 바다 사이에 폭이 아주 좁은 땅이다. 땅덩어리는 좁고 수잔은 다시 무의식의 깊이로 들어간다. 수잔은 말이 끄는 마차를 타기로 결심한다. 그녀는 위험을 인식하고 있고 바다의 높은 파고로 인해 말이 힘겨운 일을 하게 될 것이라는 사실을 알고 있다. 안전에 대한 보장은 주어진 바 없다. 말이 전에는 바다를 헤엄쳐 건너본 적이 없다는 소리만 해준다. 위험하다. 통과는 힘겨울 것이다.

이 꿈이 앞서 꾼 밤바다 여정의 "수호자들" 꿈을 상기시킨다. 그러나 이번에는 다른 느낌이다. 전에는 느리고 침묵하며 불가피하게 해야 했던 여정이었으나 지금은 얼마나 위험하고 난이도 높은 여정일지에 대해 의식의 정도가 높아진 것이 달라졌다. 바다의 힘은 강력하다. 말은 경험이 없다. 갈 곳은 멀다. 우리 둘 다에게 쉬운 위안도 순진한 안심도 없다. 이런 여정을 수행하는 데에 쉽게 속거나 과하게 순진할 여유가 없다. 그저 잠재된 위험과 뭔가 얻게 될 것이라는 걸 알 수 있을 뿐, 수용하기로 선택을 할 따름이다.

여러 면에서, 수잔과 나는 거듭거듭 이 선택의 자리에 서게 되었다. 꿈이 수잔에게 기회를 주고, 거듭 이 과정에 '예'라고 답할 기회를 주는 듯하다. '예, 나아갈께요.' '예, 더 깊어 질께요.' 이 여정 가운데 나는 꿈에서 "여자 마부", 즉 거친 바다를 통과하는 안내자가 되는 게 내 역할일 것이라고 받아들인다. 동시에 내가 모르는 수잔 내면의 안내자인 내면의 지혜를 이해하는 것이기도 할 것이다.

"꿈의 실내 장면"

1988. 2. 8

내 갤러리에서 환경 아트 쇼가 진행된다. 벽하고 천장에 벽화가 그려져 있다.

●●● 수잔

꿈 공간이 나를 에워싸고 있다. 꿈 안에서 밖을 내다보는 느낌이다. 이 자리는 풍요롭고 편안하고 아름다운 그림이 그려져 있고 어둡다. 바깥에는 찬란한 빛이 있다. 이 자리에서 나는 내 무의식의 이미지들로 에워싸인 채 이 신비로운 여정에서 한걸음 물러나 나 자신을 바라보고 있다.

●●● 패트리샤

아주 신비한 꿈들 중 하나다. 고대의 신비가들이 말했듯이 우리가 우리 자신의 꿈을 꾸고 있을 따름이라는 말이 맞는지, 우리 삶이란 단순히 가장 심오한 관조적인 꿈인지, 물음을 던지게 한다. 이 꿈과 꿈 그림에는 안과 바깥의 자리에 대한 느낌이 선명하다. 내면은 동굴 같은데, 비옥하고 어둡고 이미지로 가득하다. 반면 바깥은 환하고 반짝이는 빛으로 가득 차 있다. 이 꿈에서 우리에게 주어진 것이 무의식과 의식의 이미지들뿐인가? 아니면 죽음으로 나아갈 때도 이렇게 모든 다양한 이미지들과 순수 영의 빛을 지닌 풍요롭고 구체화된 생명이 주어질까? 어느 경우든 이 꿈에서 수잔은 꿈 세계의 자리에 위치해 있고 이 세계에 깊이 에워 싸여있다. 이 자리가 수잔의 "환경," 즉 자기 생명과 아트의 원천이다.

이 꿈은 앞서 황량한 땅에 녹재사한테 인실로 삽혀 있는 어린이 꿈하고 선명한 대조를 보인다. 그 꿈에서도 안팎에 대한 감각이 선명했었다. 안은 고립되어 어린 시절 트라우마로 인해 격리된 생명이고, 밖은 생명과 생기로 가득한 만날 수 없는 세계였다. 지금 수잔은 자신의 내면 즉 창조적이고 이미지로 비옥한 세계에 깊이 자리를 잡고 빛을 향하고 있다.

"동굴"

1988. 2. 8

고대부터 존재했던 동굴이다. 동굴에 여인들이 있다. 동굴은 길고 좁게 이어져 있다. 기어서야 들어갈 수 있다. 한 여인은 모든 것을 아는 강력한 오라클이다. 오라클은 "여인의 아들"에 대해 말을 하고 그가 어떻게 달라져야 하는지 이야기한다. 동굴 입구는 별이 반짝이는 밤하늘을 향하고 있다.

●●● 수잔

동굴에서 나가는 이미지는 출산 과정 같다. 동굴이 지구의 몸이다. 대지인 몸이 열리는 자리 바깥에 별빛이 반짝이는 밤하늘을 펼쳐진다. 여기 대머리 인물은 태아 같기도 하고 여사제 같기도 하다. 번개불을 달고 있는 남성의 상형 이미지는 고대 과거로부터의 메시지를 보전하는 듯하다. 나는 이 꿈을 가부장 사회의 상처, 내 개인적이기도 하고 문화적인 것이기도 한 상처를 인식하는 것으로 받아들인다. 여인들의 심오한 앎을 이해하고 모든 것이 바뀌어야 된다.

●●● 패트리샤

"꿈 실내 장면"을 꾼 같은 날 밤 꿈이다. 아주 심오하고 강력한 꿈으로 융이 말하는 소위 집단 무의식에서 나온 꿈처럼 느껴진다. 이전 꿈에서 수잔은 꿈의 내부 공간에 있었다. 이 꿈은 수잔을 동굴로 끌어들이는데 동굴은 인류 최초의 의례들이 거행된 자리로 구석기 선조들은 벽과 천장을 이미지로 장식했다. 동굴은 언제나 자궁의 비유로 인식되어 왔다. 인류 초창기에는 영적 지식을 받고 이를 기록했던 신성한 의례나 통과의례가 거행된 자리였다. 이 꿈은 마치 우리가 결정적으로 중요한 뭔가를 들은 것처럼 두려움을 느끼게 하는 류의 꿈이기도 하다. 여성 오라클/사제의 예언적 메시지는 기독교에서 말하는 "사람의 아들"이 아니라 "여자의 아들"에 관한 것이다. 이는 분명 우리 시대를 위한 집단적 메시지일 것이다.

영적 지식을 위해 자궁/동굴로 돌아가는 행위와 지혜의 재탄생은 인간 충동에 깊이 체화되어 있는 게 분명하다. 꿈 그림에 벌거벗은 대머리 여인을 산도에 배치했다. 입구에 밤하늘이 관찰된다. 이 여인은 입구를 향하고 있다. 이전 꿈과 마찬가지로 안과 밖에 대한 감각이 다시 자극이 된다.

벽에 있는 상형문자는 고대 암각화를 연상시킨다. 이미지는 사람인지 샤먼인지 모르나 천둥새 모양을 한 드림캐쳐spirit catcher다. 그의 머리는 붉고 머리에 번개가 달렸다. 이는 받은 지식이나 깨달음 혹은 전송하고 있는 충전된 에너지나 지식을 뜻한다. 우리는 이 꿈으로 인해 외경심을 느꼈고 기운을 받았다.

"시간이 다 됐다"

1988. 2. 9

농장에 있다. 아이들이 수영을 하고 있다. 내 여동생도 거기 있다. 나는 허벅지를 베였는데 그 안에서 하얀 벌레들이 기어 나오고 있다. 우리는 외할아버지 닭장 앞에서 놀고 있다. 증조 외할아버지도 거기 있다. 할아버지가 오솔길을 내려오고 있다. 나는 무섭다. 패트라샤와 내가 사진 앨범을 보고 있는데 할아버지 사진이 있는 쪽이다. 온 몸이 떨린다. 시간이 다 되었다. 패트리샤가 베이컨 요리를 한다.

●●● 수잔

실제 닭장 위치는 언덕 위라 할아버지 집하고는 분리되어 있다. 꿈에 갑작스럽게 외할아버지가 출현해서 나는 떨기 시작한다. 나와 패트리샤가 할아버지 사진들을 보는데 온몸이 덜덜 떨린다. 떨림이 허벅지에서부터 시작되었다. 하얀 벌레들은 상처의 감염을 의미한다. 베이컨 굽기는 나한테 뭔가 아주 격해졌다고, 부인하는 시간은 끝났다고 말하고 있다.

●●● 패트리샤

이 꿈은 수잔을 목가적인 자리, 어린 시절에 놀던 농장에 위치시킨다. 아이들이 뛰어놀고 수영을 하고 있다. 그런데 수잔에게 이 자리는 다가오는 트라우마의 현장이 된다. 수잔하고 내가 이 꿈으로 작업을 할 때 실제 수잔의 다리가 떨리며 진동이 일어났다. 몸의 언어는 항상 설득력이 있다. 꿈에 수잔 허벅지가 마치 칼로 절개한 것처럼 베였다. 오래되고 썩은 것을 먹는 벌레나 구더기가 밖으로 기어 나온다. 허벅지 떨림과 베인 허벅지에서 나오는 구더기 이미지는 우리로 하여금 학대가 기입된 몸의 또 다른 자리를 찾도록 도와주었다.

할아버지 사진이 우리로 하여금 할아버지를 가해자와 연결 짓도록 해주고,

몸떨림이 다시 한번 우리가 정말로 학대자를 보고 있는가라는 우리 안의 의혹에서 벗어나는데 도움을 준다. '시간이 됐다'라는 생각은 심적 열기를 높여 압박감을 더한다. 그리고 내가 베이컨을 굽도록 하는 꿈 이미지는 이제 돌이킬 수 없게 되었다는 걸 말해준다. 수잔은 뭔가 격해지고 있고 꿈이 노골적으로 우리가 알아차리게 만든다고 말한다.

“사막 여신”

1988. 2. 14

여인 5명이 사막에 있다. 내가 한 사람에게 다가가서 "내가 전에 꿈에서 당신을 뵌 적이 있어요"라고 말한다. 그녀는 "예, 그랬어요"라고 답한다.

••• 수잔

여인들이 맨손으로 사막에 골프 코스를 만들고 있다. 대단히 멋지다. 이 여인들은 이전에 누구도 살 수 없었던 땅에 풍요를 창조할 힘을 지녔다. 여인들 중에 "밤의 여신"이 있다. 내가 전에 본 기억이 있는 이가 바로 밤의 여신이다.

여기 나의 창조적 힘과 다시 접하도록 본래 제자리로 돌려놓은 느낌이다. 보기에 황폐한 사막에서 비옥한 땅을 만들어낼 수 있다는 걸 목격하고 있다. 이는 꿈꾸기와 아트 작업 과정에 관한 뭔가를 말하는 듯하다. 여기가 내 창조적 노력들이 새로운 성장으로 이어지는 자리다. 창조하는 여인들과 함께 "밤의 여신"이 재등장한 것은 나에게 내 꿈의 수호자와 안내자가 상호연관 되어 있고 서로 친밀하다는 걸 말해준다. 나는 힘을 얻었고 행복하다.

••• 패트리샤

모든 것이 너무 "뜨거워"졌을 때 이 친밀한 느낌은 대단히 위안이 된다. 심지어 사막에서 펼쳐지기는 하지만, 이곳이 뜨겁고 척박한 자리라, 지난 꿈들에서 뭔가가 격렬해지고 있다는 인식하고, 영속성을 보이고 일관성을 지닌다. 여기서 여인들이 자기 손으로 사막을 골프코스로 만들고 있다는 의미는 우리에게 변형이 일어나고 있다는 사실을 말해준다. 아주 천천히 일어나지만 의도를 가지고 진행되고 있다. 사막 지형이 녹색으로 변하는 기적은 자연이 마련해주는 그런 것이 아니다. 신중하고 과단성 있는 노동을 통해서 가능하다. 꿈꾼 이가 꿈 속에 등장한 인물을 인식하는 것과 "사막의 여신"이 화답을 하는 상호 친밀함을 인정하는 이미지가 우리에게 깊은 편안함과 심오한 알아차림을 가져다 준다.

"항해자"

1988. 2. 16

내 보트를 보고 있다. 페인트칠도 안 하고 방치되어 있다. 한 남자가 불쏘시개로 쓰려고 잘게 자르려 한다. 나는 "아니예요. 우리가 이 보트를 고쳐야 해요"라고 말한다. 우리가 고치자, 비록 울퉁불퉁한 모양이기는 하지만 보트가 물에 뜬다.

●●● 수잔

나는 이 보트를 포기하고 싶지 않다. 말끔한 모양은 아니지만 보존할 가치가 있다. 꿈에서 보트는 빨간 스포츠카 같다. 덜컹거려도 구제할 수 있는 상태다. 어떤 꿈에서는 보트가 나를 폭포나 태풍 속 같은 어렵고 무서운 상황으로 데려갈 것이다. 다른 꿈에서는 순풍을 받아 어둡고 신비한 자리로 항해를 하게 될 것이다. 나에게 보트는 내 영이 이끄는 길을 따르는 것이다. 내가 주의를 집중한다면 나아가는 곳이 어떤 경로인지 내게 말해줄 것이다.

●●● 패트리샤

바다를 항해할 수 있는 탈 것이기에 보트는 꿈꾼 이와 무의식의 깊이 사이를 중재한다. 이 꿈에서 보트는 위험 상황에 처하는 듯하다. 여전히 정상적으로 작동을 하는 상태이기에 이런 보트는 유지할 필요가 있다. 그러나 꿈에서는 방치된 상태였다. 결정을 내려야 한다. 수잔의 남성성적 측면은 부수어버리자고 하고, 수잔의 여성성적인 꿈자아는 필요한 수리를 하려는 결정을 한다. 이 꿈과 수잔이 그린 이미지에 몸을 곧추세운 여인이 키를 잡고 항해를 한다. 수잔은 이 여인을 부족민으로 그려서 이 꿈이 부족 여인들의 통과의례 시리즈의 일부라는 걸 알게 한다. 그리고 또 이 꿈을 통해 우리가 아는 바는 물에 뜨기는 하지만 아직 보트는 손볼 데가 있다는 점이다. 한동안 유유히 항해하지 못할지 모른다는 어렴풋한 생각이 스친다.

"머리 감기기"

1988. 2. 22

내가 여인의 머리를 감기고 있다. 그녀의 머리카락은 길고 굵고 구불구불하다. 내가 머리 만져주는 걸 별로 해본 적이 없어서 그녀한테 참아달라고 부탁한다.

●●● 수잔

꿈에서 이 둘은 평범한 여인들인데 내가 그림을 그리자 이들은 원형적 원주민 여인들이 되었다. 머리 감기기는 마치 이전 꿈에 머리를 매만져주는 것처럼 의례행위로 여겨진다. 머리 감기기는 한 여성이 다른 여성한테 해주는 것이다. 여기 머리 감기기는 정화의례다. 나는 특별한 중요성을 강조하려고 머리 감는 그릇을 붉게 칠했다. 나는 슬픔과 후회와 아픔을 씻어내고 있다.

●●● 패트리샤

이 꿈은 앞서 꾼 "빗질"을 떠오르게 하는데, 그 꿈에서도 수잔은 머리 만지는 사람이었다. 여기서 수잔은 자기가 경험이 없다는 걸 인정하고 참아달라는 부탁을 한다. 이 행위에 상호존중감이 느껴진다. 수잔이 머리카락이 굵고 구불구불한 여인한테 정화의례를 거행하고 있다. 윤기나는 머릿결은 건강과 아름다움의 표식으로 간주되어왔다. 풍성한 머릿결의 소유자인 이 여인에게 조력하는 것은 의례 수행원의 위치에 있다는 것이다. 이 관계는 자신의 위엄과 힘을 유지하면서 조력과 존중을 하는 그런 것이다. 이 꿈에서 수잔의 마음가짐도 느낄 수 있다.

"상이군인 훈장"

1988. 3. 22

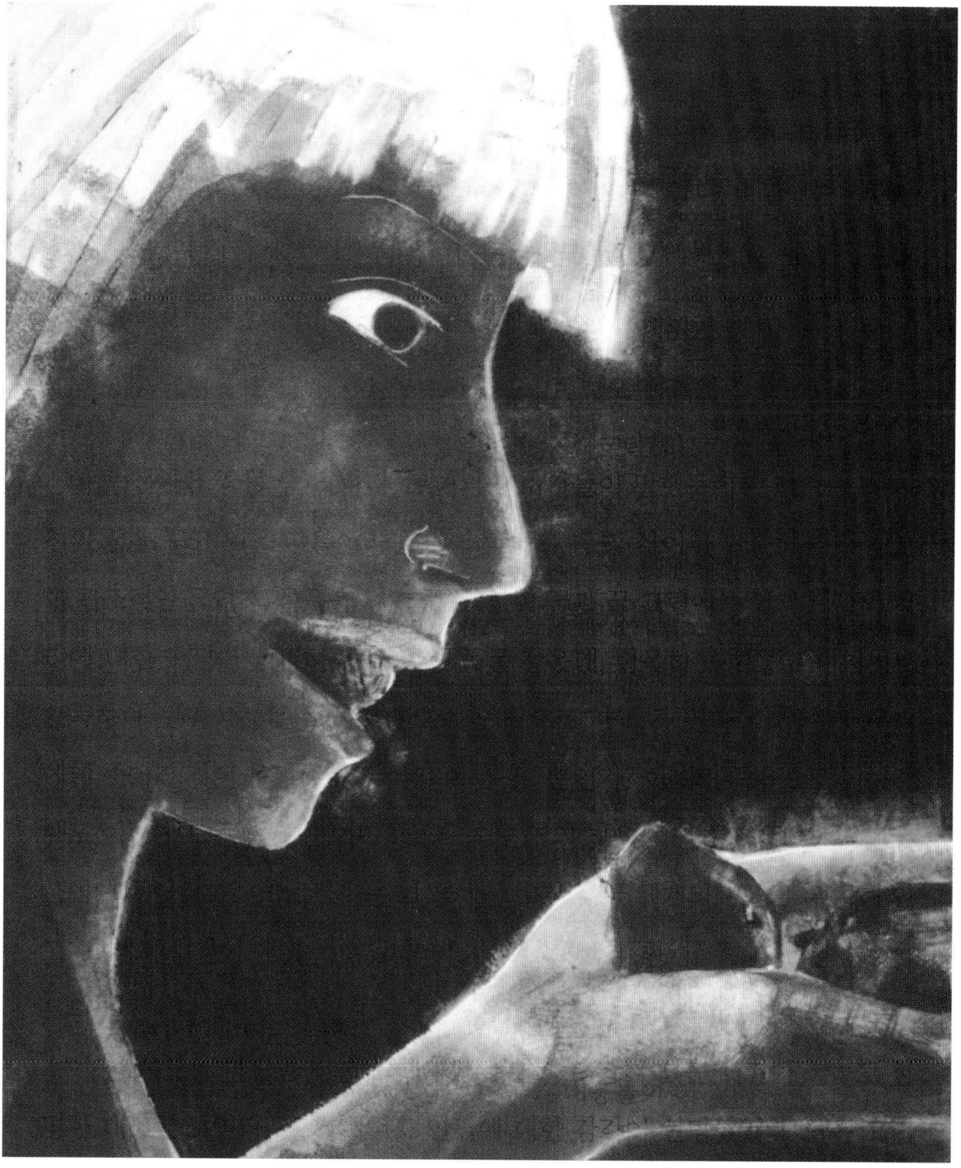

내가 페니스를 물어뜯는다. 내 입안에 있다. 오래 동안 내 입에 물고 있다. 혐오스럽다. 내 손바닥 위로 조각들을 뱉어낸다.

●●● 수잔

여태 이보다 더 슬프고 아픈 꿈은 없었다. 심지어 지금 이 꿈을 적는 것도 너무 힘겹다. 소녀의 썩은 녹색 피부는 아이가 얼마만치 아픔을 느끼는지 시사한다. 이런 끔찍하고 은밀한 상처를 마지못해 꺼내 놓는 게 형언할 수 없을 만치 무섭다. 뱉어낸 조각들은 요리된 장기처럼 단단하다. 이게 내가 이 조각을 "상이군인 훈장"이라 부르는 이유다. 이 훈장이 뭘 의미하는지 아는 사람들은 이게 전투에서 부상을 입은 사람들에게 수여되는 배지라는 걸 안다.

●●● 패트리샤

이 꿈이 드러내는 노골적 이미지에 우리는 아연실색한다. 슬프고 고통스럽지만 꿈은 우리가 기억해내려는 사건에 대해 그리고 또 꿈 세계의 치유 방향에 대해 확신을 더해준다. 이 꿈은 아이한테 학대가 어떻게 받아들여졌는지 그림으로 보여주듯 훤히 드러내준다. 이 오랜 세월 동안 아이한테 어떻게 이해되었고 또 어떻게 비밀로 붙여졌고 그리고 병의 원인이 되어 사로잡혀 있었는지 드러내 보여준다. 소화되지 않는 조각들, 이 외계의 신체 부분을 뱉어내는 것은 트라우마를 종식시키는 행위이다. 트라우마 상태에서 분연히 일어나, 고민을 털어놓고, 몸 기억에서 빼내고, 정신에서 격리된 자리 밖으로 나오게 하는 것이다. 그림에서 보면 이물질이 손 안에 그리고 눈에 띄는 자리에 있다.

구더기가 기어 나오는 앞의 꿈에서 부패의 원천을 뱉어낸 것 같다.

그림에서 수잔은 자기가 찾아낼 수 있는 색 중 가장 병든 녹색으로 얼굴을 칠했다. 이 아픈 녹색은 그녀를 아프게 만든 것이고 동시에 이 병의 결과를 보여준다. 수잔은 이 꿈에 "상이군인 훈장"이라는 제목을 붙인다. 손 안에 있는 것이 훈장하고 닮았기 때문이다. 그리고 이 훈장은 부상을 입고 생존해낸 사람에게 수여하는 것이기 때문이다. 고통에도 불구하고 이 꿈은 우리가 작업을 제대로 하고 있다는 어떤 위안 같은 걸 준다. 그래도 뱉어내기까지는 했다.

"스칼렛 오하라가 스칼렛 오하라를 만나다"

1988. 3. 27

연극에서 스칼렛 오하라가 스칼렛 오하라 역을 한다. 여배우가 진짜 스칼렛 오하라를 보자 모자와 자켓을 벗고 "나는 예쁘다"를 노래한다. 둘은 얼싸안고 서로를 칭찬하고 서로를 인정한다.

●●● 수잔

두 여인이 서로 알아보고 서로에게 호의를 표한다. 스칼렛/레드는 다른 스칼렛/레드를 껴안는다. 이 장면은 오래 떨어져 지내다가 집으로 돌아온 걸 환영하는 것 같다. 서로를 보고 받아들이고 사랑을 하는 즐거운 순간이다.

●●● 패트리샤

꿈 세계가 유머감각과 위트가 있다는 걸 아는 게 위로가 된다. 꿈은 동의반복어나 이중 의미를 지니는 단어나 이미지로 놀이하는 걸 즐긴다. 이 단일 꿈 이미지에 앞의 꿈들에서 등장한 다양한 주제들이 결합되어 있다. 이 꿈이 자신의 파편화된 조각을 만나고 반추하던 꿈들을 상기시킨다. 그 예로, 수잔이 수잔나에게 다가가는 꿈을 들 수 있을 텐데, 꿈에서 연결을 갈구하는 트라우마를 지닌 여성성의 에너지가 엿보인다. 이 꿈은 또 "레드를 위한 라인석" 꿈에서 한층 더 발전한 꿈이라고도 볼 수 있다. 앞서 꿈에서는 레드의 즉흥 페리소나가 가짜자기로 완전무장하고 있었다. 이 꿈에서는 확실히 스칼렛이 레드 그리고 오하라(hara)가 머리(hair)라는 단어로 놀이하는 걸 아는데(역자주: 앞서 언급한 동음이어 놀이로 사료됨. 어원적으로 영어 hair가 독어나 네델란드어로 haar라 오하라에서 하라의 발음과 겹쳐진다), 이 둘은 꿈 시리즈에서 중요한 상징들 중 하나다. 〈바람과 함께 사라지다〉에서 스칼렛 오하라는 남북 전쟁의 시련을 견뎌내고 성장한 영웅으로, 이 인물은 자존감이 높은 여인이다. 수잔 꿈에서 스칼렛 오하라는 "나는 예쁘다"라는 노래를 한다. 이 노래는 여성의 자신감을 나타내고, 서로 만나 서로를 비추어주는 이 꿈은 일종의 통합 장면이다. 여배우 스칼렛 오하라가 자기 역을 연기한다. 여기 진짜와 가짜가 분리되어 있지 않다. 둘의 얼싸안음은 자기 인식이나 값어치 혹은 자기에 대한 진가를 안다는 느낌이다. "상이군인 훈장" 꿈에 이어 등장한 이 꿈은 꿈 세계가 어떻게 자기 교정과 자기 치유를 하는지를 보여준다. 일단 학대의 상처를 뱉어내자 정신에서 여성성이 활기와 아름다움이라는 본래의 느낌을 회복하기 시작한다.

"전사 아이"

1988. 3. 29

할아버지가 내 곁으로 다가와 내 가슴을 꼬집는다. 내가 할아버지 멱살을 잡고 "다시는 이따위로 나를 만질 생각하지 마세요!"라고 말한다. 할아버지가 소녀를 테이블 위로 밀치고 소녀 위에 눕는다. 내가 벗어나서 주먹을 쥐고 "그 소녀한테 손대지 말아요!"라고 겁을 준다. 가족 중 일부는 할아버지가 장난으로 한 행동에 내 반응이 지나쳤다고 생각한다. 할머니가 들어와 할아버지가 아이들을 해치려는 게 아니라고 말한다.

●●● 수잔

마침내 내 목소리를 찾았다! 누군가 나를 괴롭히려 들면 나는 싸울 것이다. 마침내 나는 내 힘을 찾을 만큼 충분히 내 상처를 돌보아 왔다. 학대의 사이클에 갇혀 사는 대신, 앞으로 나아가기 위해서 그 자리로 돌아가서 기억을 하고 느끼고 애도할 필요가 있었다.

내가 그린 그림에 아이 이미지를 빨간색으로 칠했다. 소녀가 어린 레드 모습인데, 힘이 세고 화난 상태다. 할아버지 이미지는 병든 녹색인데 실제 할아버지가 그렇기 때문이다. 할아버지는 힘을 잃었다. 이 꿈을 꾸고는 내가 정말 대단하다는 느낌이 든다.

●●● 패트리샤

이 꿈과 꿈 그림이 수잔에게 크게 힘을 실어준다. "상이군인 훈장"에 이어 수잔은 스칼렛 오하라라는 여성 영웅으로 자신의 아름다움을 만나고 인지했다. 여성적인 아름다움을 획득한 다음에 꾼 이 꿈에서, 이제는 자신을 방어할 수 있다는 걸 보여준다. 그림에서 수잔은 방어자를 아이의 몸으로 그렸는데 이 아이는 약하거나 상처에 취약하지 않다. 오히려 소녀는 학대자만큼 클 뿐 아니라 훨씬 더 강하다. 수잔이 "전사 아이"가 보이는 자기를 지키는 힘과 에너지를 경험하는 것은 중요하다. 우리는 일상에서도 수잔이 이 힘을 소환할 필요가 있을 때마다 자기 삶에 적용하리라 생각한다. 부인 그리고 가족 중 일부가 학대를 보고도 인정하기를 거절하는 상황은 왜 맨 처음부터 가족들이 가해자로부터 아이를 보호하지 않았는지 알게 해준다. 그리고 필요하기는 하지만, 다가올 직면의 순간이 쉽지만은 않을 수 있다는 걸 깨닫게 한다.

"도마뱀 게임"

1988. 4. 16

우리가 유럽의 어느 거리에서 도마뱀들로 게임을 하고 있다. 도마뱀은 우리 등 위로 달려 올라온다. 우리는 발로 이들을 모으고 있다.

●●● 수잔

도마뱀이 감시자로 내 어깨 위에 올라타고 있다. 나는 도마뱀 중에서 이 종류에 대해 안다. 목덜미에 갈퀴가 있어서 공격을 받으면 갈퀴를 세워 잡아먹히지 않는다. 이런 도마뱀의 등장은 이제는 내가 훨씬 개선된 레이더와 방어 체계를 가지고 있다는 걸 알려준다. 상처 입은 여성일 때의 나는 손쉬운 먹잇감이었다. 온전한 여성이 되어가는 나는 강하고 주변을 알아차리고 있다.

●●● 패트리샤

이 꿈과 꿈 그림은 초창기에 등장한 도마뱀 주제와 연결이 된다. 전에 도마뱀들은 상자 속에 갇혀 있었고 나오려고 버둥거렸다. 여러 마리였는데 이는 일종의 집단적 생명력이 풀려날 필요를 가리키고 있었다. 이 꿈에서 도마뱀들은 자유롭다. 등 위를 달리는 이 에너지는 바로 전 꿈에서 힘 있게 대면을 한 결과로, 척추의 쿤달리니 에너지가 해소되는 그런 류일 수 있다. 그림에서 보호와 관련된 본능 에너지가 특별한 종류의 도마뱀 영의 모습을 띤다. 도마뱀이 어깨 위에 앉는다. 이 자리는 수잔의 귀 근처라 도마뱀의 지혜를 들을 수 있다. 수잔은 이제 생존에 관여하는 파충류 뇌의 표상과 직접 접촉하고 있다. 이는 수잔의 조기 경보 체계다.

"파도에 씻겨"

1988. 4. 17

바다가 해안에 연한 캠프를 집어삼키고 있다. 침실 창문 근처에 푸른 물과 해조류가 출렁거린다. 바깥에 의자와 침대가 이리저리 떠다닌다. 가족들은 집 안에 있다. 집은 건실하게 서 있다.

●●● 수잔

밖에는 파국적 사건이 일어나고 있으나, 안에 있는 우리는 안전하다. 작은 우리 집이 바닥에 단단히 안착하고 있고, 가족들이 나와 함께 있다. 꿈은 내게 중요한 정보의 홍수가 임박했음을 말해주고 있다. 나는 나를 사랑하는 사람들 곁에서 보호를 받는데 안전하고 단단한 기반이다. 그래서 닥칠 것이 무엇이든 나는 준비되었다.

●●● 패트리샤

수잔이 말한 엄청난 물은 꿈들의 홍수로 대개 아주 감정적인 게 특질이다. 둑을 위협하는 물에 압도된 느낌은 감정에 압도당하는 느낌하고 비슷하다. 특히 흐르는 감정인 눈물, 슬픔, 비탄 같은 것이 그러하다. 큰 물이 모든 것을 씻어가 버린다. 이는 용해 과정의 일부로 뭔가를 물이라는 근원 요소로 데려간다. 이 꿈에 물은 만조표를 넘어섰다. 집이 완전히 물에 잠겼다. 그러나 쓸려가지는 않는다. 이 꿈은 수잔에게 엄청난 정서적 홍수 한가운데에도 기반이 단단하다는 느낌을 준다. 수잔의 심리 구조가 다가올 것을 견뎌낼 만큼 충분히 튼튼하다. 이 꿈은 우리에게 더 올 것이 있고 수잔이 이를 잘 다룰 것이라 말해준다.

"폭력적 의도"

1988. 4. 22

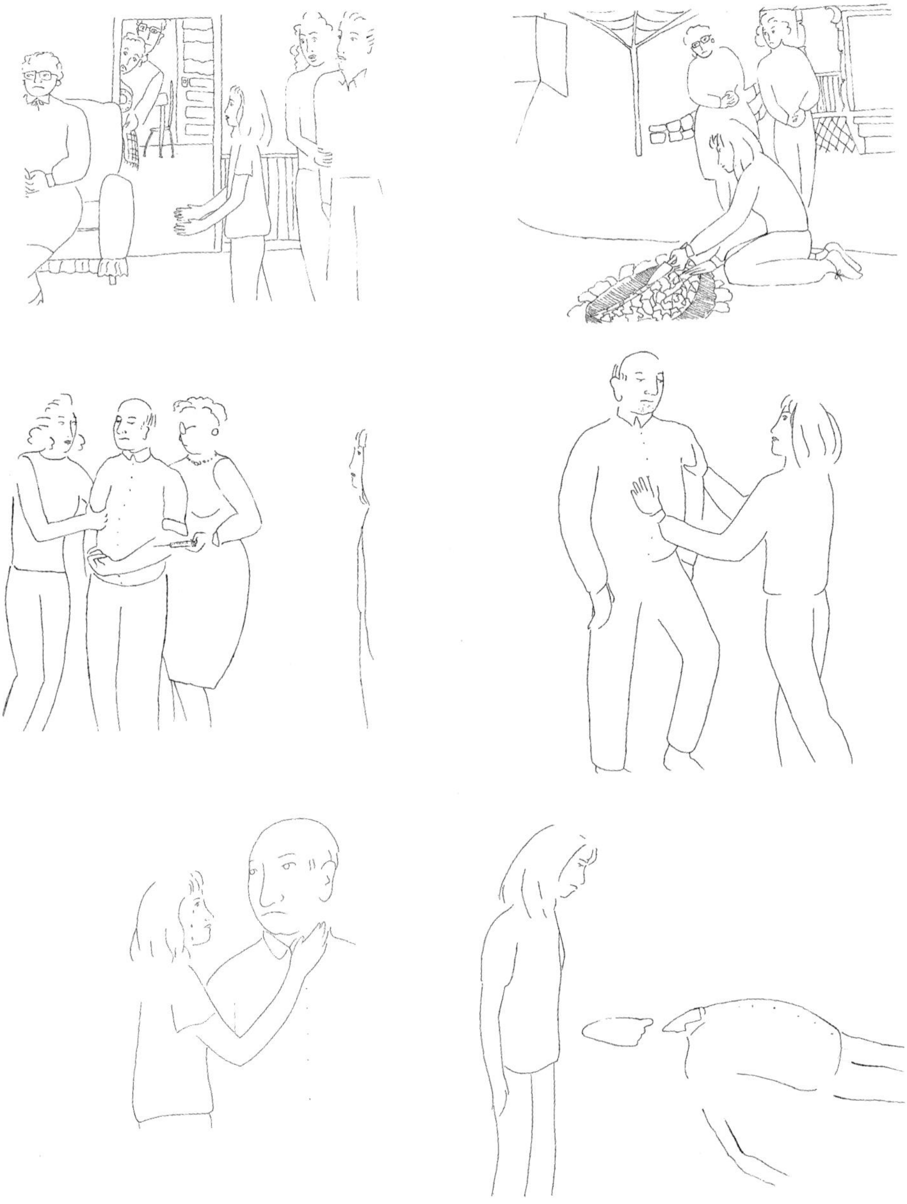

할머니 댁에서 생일 파티를 한다. 모두가 참석했다. 이모, 외삼촌, 아이들, 엄마, 아버지, 나. 무슨 일인지 내가 어린 시절 나한테 무슨 일이 일어났는지 전부 말하기 시작한다. 내 말을 마치자 식구들이 소원해진다. 내가 말했던 게 뭔지 알고 싶다. 나는 말을 하는 동안 의식을 잃어서 내가 말한 내용을 전혀 기억할 수 없다. "내가 뭐라고 말했어요?" 엄마한테 묻는다. "뭐라고 했어요?" 아빠한테 묻는다. 아무도 답해주지 않는다. 증조할아버지 차로 헛간으로 간다. 전부 타고 있다. 나는 공중전화로 패트리샤한테 전화를 걸고 싶다. 내가 식구들한테 말하길 "깨진 조각들이 어디 있는지 알아요. 내가 찾아내면 내가 말했던 걸 나한테도 알려줘야 해요." 나는 밖으로 나가 흙손으로 진입로 아래를 판다. 내가 푸른색과 흰색의 도자기 파편들을 전부 찾아낸다. 모든 조각들을 한꺼번에 찾아 전체를 구성한다. 가족들에게 말한다. "이제 나한테 말해주세요!" "할아버지를 살려내세요." 가족들은 하려 들지 않는다. "하세요"라고 내가 요구한다.
할머니가 피하 주사기를 가져와 할아버지한테 주사를 놓는다. 할아버지가 살아났다! 할아버지는 나한테서 물러난다. 내가 할아버지 앞으로 가서 뒷걸음질 치며 질문을 한다. "내 몸 만졌어요? 알고 싶어요." 할아버지는 눈길을 피하며 걷는다. "내 몸 만졌어요?" 또 묻는다. "그래." 할아버지가 인정한다. "오랄 섹스는요? 오랄 섹스 시켰어요?" "응." 할아버지가 대답하며 계속 멀어진다. 나는 아주 차갑고 미끄러운, 자동차나 창문 같은 데 밀쳐진 몸 기억이 살아난다. 내 등에 자갈이 박히고 등이 작게 찢어진 게 느껴진다. 꿈이 할아버지가 가수/영업사원/실행자로서 실패자라고 내게 말한다. 그런 다음 내가 묻는다. "나를 사랑하셨어요?" 할아버지가 나를 똑바로 쳐다보며 "그래. 사랑했지." 내 입에서 울음이 터져 나온다. 할아버지 몸이 쓰러져 부패한다.

●●● 수잔

이는 아주 큰 꿈으로 무엇부터 말해야 할지 모르겠다. 내가 느끼는 압도하는 감정은 나에게 일어났던 것이 사실이라는 확증이다. 증거가 있다. 나는 조각난 이야기의 전부를 찾았고, 가해자의 고백도 있다. 가해자는 사랑하는 외할아버지다. 이 꿈에서 나는 성인의 목소리로 할아버지에게 말할 수 있고 할아버지로부터 진실을 끌어낸다. 내 가족이 나를 도와주고 있다. 할머니와 엄마가 내 편이다. 슬프고도 슬픈 진실은 할아버지가 정말로 나를 사랑했고, 또 이런 방식으로 나를 상처 입힐 수 있다는 사실이다. 나도 할아버지를 사랑했다. 너무나 고통스러운 이유가 이것 때문이다. 어딘가에서 사랑과 배신이 함께 이어져 있을 때 관계가 파괴적이라는 걸 배운 적이 있는데 지금이 그렇다.

이 꿈에서 망각의 블랙홀은 채워졌다. 나는 기억하는 것이 나를 아프게 하는 게 아니라 나를 도와줄 것이라는 걸 아는 지점에 이르렀다. 몸 기억이 나에게 돌아와 내 몸에 전해졌다. 그 안에 잡혀있는 어린아이가 느끼는 덫에 걸린 느낌과 무력감이 느껴진다. 나는 압박감과 누군가 나를 짓이기는 무게감을 느낄 수 있고, 이 행위가 자갈들이 내 등으로 파고들게 했다. 꿈이 말하길 "할아버지는 실행자로서는 실패자다." 비록 강간의 공포와 의도는 온전히 전달되었지만, 강간의 폭력 행위는 끝맺지 못했다는 느낌이다.

내가 찾아낸 이 도자기는 회복된 내 영혼의 그릇이다. 이 꿈은 넋을 치유하는 심오한 이미지다. 이 안에서 내 삶의 이야기에서 빠져있던 조각들을 전부 찾았다. 이제 나는 온전한 내 이야기를 알며 살아갈 수 있다. 이 기억찾기를 통해 나는 분노와 슬픔을 분출할 수 있었고 내 두려움과 성격에 대해서도 더 잘 이해할 수 있었다. 내가 지금 느끼는 전체적인 느낌은 평화와 쉼이다. 내 힘과 내 목소리를 되찾았다. 나는 처음으로 온전함에 대한 감을 찾았다.

●●● 패트리샤

한 1년 조금 넘게 작업을 한 뒤에, 이 길고 복잡한 꿈이 찾아 왔다. 우리가 다루었던 꿈 중에서도 가장 심오한 꿈 중 하나다. 수잔이 자기 발견의 단계들을 거침에 따라, 우리는 둘 다 감명을 받았다. 꿈 세계의 정밀함에 깊은 경이로움이 느껴진다. 지금까지 꾼 꿈들이 우리를 준비시켜 여기까지 오도록 이끌었다. 이 꿈을 꾸자 우리는 여러 이유들로 깊이 안도감을 느꼈다. 특히 영혼의 그릇이 지니는 치유 이미지 때문에 안도했다.

어린 시절 성적 학대의 생존자를 괴롭히는 질문 하나는 '어떻게 자신의 기억을 신뢰할 수 있을까?'이다. 트라우마는 빈번하게 블랙홀, 기억의 틈새, 공란에 존재한다. 이 꿈은 노골적으로, 우리가 조각들을 전부 다 가지고 있다는 걸 알려준다. 이 꿈을 꾸고 나서 수잔과 나는 이 모든 것이 진실이라는 데 의심의 여지가 없다. 꿈은 깊은 감정과 몸 감각으로 채워져 있어 이게 사실이라는 느낌을 더해 주었을 뿐이다.

우리는 연속적으로 이어지는 스케치들로 작업을 했고, 그림은 한참 뒤에 완성되었다.

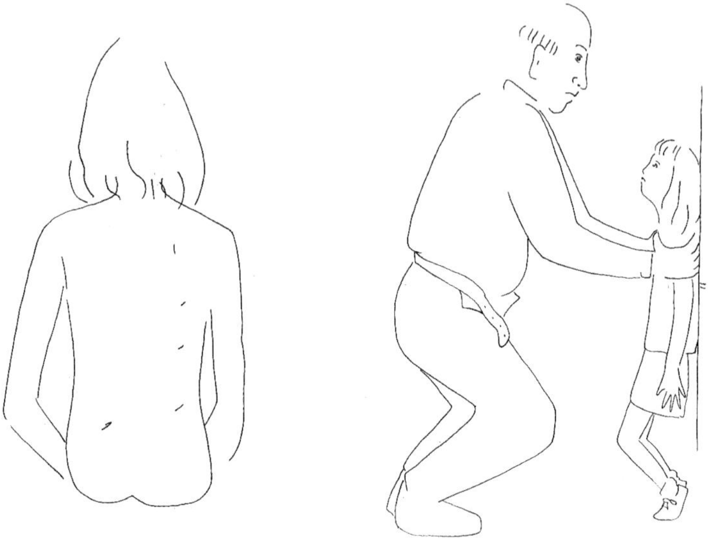

"졸업"

1988. 4. 29

엄마가 소파에 앉아있다. 여동생하고 내가 엄마랑 대화하고 있다. 거기 할머니도 계신다. 엄마가 말한다. "외할아버지는 정말 친절하셨어. 나를 아프게 한 적이 한 번도 없으셨어." 내가 말한다. "글쎄요. 할아버지는 나를 심하게 상처 입혔어요. 내게 성폭행을 했단 말예요!" 엄마가 충격을 받은 채 나를 보고 있다. 여동생은 뒤로 물러선다.

가게에서 친구와 졸업식 때 입을 정장을 고르고 있다. 우리는 화려한 빨강과 흰색 사이에서 선택한다. 옷을 입고 가게를 걸어 나온다. 값은 치를 생각조차 안 한다.

••• 수잔

나는 이미 지불했어! 기억하기 학교에서 졸업했다. 다른 사람들이 내 이야기에 대해 회의적이고 부인할 때, 이제 나는 내 자신의 진실에 대해 믿음이 생겼다. 빨강이냐 하양이냐 어느 색 옷을 입느냐라는 이슈가 내게 흥미롭다. 내가 흰색을 택한다. 내 친구는 빨강 옷을 입는다. 내가 원하는 색이 어느 쪽인지 결정하기 쉽지 않다.

••• 패트리샤

자신의 진실을 알게 된 채, 수잔은 알아차림이 부족한 내면의 엄마에 대항한다. 이 순간 여동생도 꿈꾼 이를 지지하는 입장은 아니지만 그래도 그 자리에 있다. 오히려 수잔이 학대에 대해 알리자 여동생은 뒷걸음질 친다. 수잔이 어린 시절의 학대와 할아버지의 행위에 대해 침묵을 깰 때 가족 중 여자들은 전부 한자리에 있다.

수잔에게 내면의 심적 차원에서 일어난 꿈-치유는 수잔의 바깥 삶에서도 일어난다. 우리는 꿈 시간표를 따르는 학생이 되었다. 꿈이 수잔 삶에 중요한 사람들에게 언제 어떻게 말을 할지, 이 과제의 진척을 정확하게 알려주기 때문이다. 이 꿈에서 보듯이, 어떤 직면은 꿈에서 먼저 일어난다. 이런 꿈들이 수잔이 후에 일상에서 사람들에게 말할 예비 연습을 시킨다. 꿈이 우리들한테 이 대면이 어떻게 이루어져야 하는지 함께 전략을 짜고 상상을 해보는 계기를 마련해 준다. 진실을 말하는 꿈 에너지가 실제 이 일을 하도록 에너지를 준다.

이 꿈의 후반부는 이 과정의 완결, 졸업의 시간, 즉 임무 완수 표식이 있을 것이라는 걸 예고한다. 이 시간 수잔은 친구와 함께하는데 이 여인은 이 꿈에 등장하는 친구다. 그리고 또 이 꿈은 하양이 선택 사항으로 주어지는 첫 꿈이기도 하다. 흔히 등장하던 빨강과 검정색이 이제 강력한 제3의 색, 흰색하고도 결합한다. 이는 정직의 흰색이 아니라, 순결한 영의 흰색이다. 빨강, 검정, 하양이란 기본 색은 원형적 탄생, 죽음, 재탄생의 색이다. 이로써 셋이 함께 위대한 변형의 주기를 나타낸다. 꿈에서 선택으로 흰색이 추가되는 것은 색의 삼위일체가 채워졌다는 뜻이다. 이는 신비로운 온전성이라는, 성취의 가능성을 시사한다.

“쉬운 먹잇감”

1988. 5. 29

우리가 연못 주위를 걷는데 수면 위에는 새끼오리들이, 아래에는 악어가 있다. 이따금씩 악어가 위로 올라와 새끼오리를 한 마리씩 잡아 먹는다.

●●● 수잔

알아채지 못하는 불쌍한 오리새끼! 작업 초창기 꿈에서 도마뱀들이 상자 속에 갇혀 있었다. 이제 이들은 자유로워지고 위협적이 되었다. 도마뱀은 본래 육식동물이다. 도마뱀이 오는지 탐색하는 것은 오리의 책임이다. "쉬운 먹잇감"은 잘 몰라서 우스꽝스러워 보인다. 뭐가 일어날지 뻔한데 오리는 아무 생각이 없다.

어릴 때 나는 오리새끼처럼 지나치게 순진했고, 취약했다. 나이가 들어서도 여전히 취약했다. 사랑하는 사람이 의도적으로 나를 해칠 수 있다는 파괴적인 갈등 경험으로 인해서 직관적 감각이 손상을 입었기 때문이다. 나는 나쁜 의도를 가진 사람들을 어떻게 알아차리는지 내 감정들이 해주는 말을 신뢰할 수가 없었다. 회복 과정을 통해 내 직관적인 힘을 되찾을 수 있을 듯하다.

●●● 패트리샤

비록 이 이미지는 꽤 위협적이지만 여기 어떤 유머가 있다는 걸 보게 된다. "쉬운 먹잇감"은 깊이에 숨겨진 어두운 힘에 대한 개념이 전혀 없는 과한 순진함과 정직함 같은 이미지에 적합한 듯하다. 사실 어떤 종류의 순진함이나 어떤 무의식은 실제로 이런 류의 악어를 끌어낸다. "쉬운 먹잇감"은 무지하다. 게다가 방어도 하지 않는 목표물이다. 이 과정을 거치는 동안에 이 어린아이 같은 태도는 다른 종류의 알아차림으로 발전하게 된다. 순진한 믿음은 어린아이한테는 정당하다. 이게 학대자에 의해 잔혹하게 침범당하고 배신당했다. 이는 자신의 판단과 이해 안에서 좀 더 깊고 성숙한 신뢰를 배워가도록 길을 터 주어야 한다. 한 측면에서 "졸업" 꿈에 뒤따르는 이 꿈은 너무 빨리 움직이지 말라는 경고다. 쉽게 자기만족에 빠지는 그릇된 생각을 갖지 못하게 만드는 것이다. 다른 면에서 이 꿈은 우리 문화에서 성적 학대를 당한 어린아이에 대한 일반화된 의견이기도 하다. 실은, 물에는 악어가 산다. 불행하게도 아이들이 여러 번 손쉬운 먹잇감이 된다. 그림에서 학대자와 희생양을 한 화면 속에 등장시킨다. 의식적인 관점에서 본다면 이게 온전한 자각의 이미지다.

"코끼리 퍼레이드"

1988. 6. 5

코끼리들 퍼레이드가 있다. 나는 맨 앞 코끼리를 타고 있고 손에는 불을 밝힌 초와 창을 들고 있다. 코끼리가 뒷발로 지탱하고 서서 내가 상록수 맨 꼭대기에 불을 켤 수 있도록 해준다. 다른 코끼리들도 앞발을 들고 바로 앞 코끼리 등 위에 올라서 사슬을 만든다.

●●● 수잔

"우리한테 코끼리도 있다는 걸 안다." 아주 초기 꿈 기록에 있는 문장이다. 우리가 전쟁을 하는 그 일련의 꿈에 코끼리는 연합군이었다. 여기 코끼리가 빛의 축제에 나와 함께 참가한다. 나는 창도 들고 있다. 승전 기념 같다. 꿈은 전투를 치렀다는 걸 인지하고 명예를 부여하는 듯하다. 이는 꿈이 되풀이 하는 도전과 부상이라는 리듬을 보여주는 대목이다. 꿈의 리듬은 내가 이 과정을 따르도록 하고 계속하라는 장려를 한다.

●●● 패트리샤

무의식의 심층에서부터 나오는 포식자 악어 꿈에 이어 나온 이 꿈은 위쪽 세계에서 벌어지는 동일하게 강력한 이미지를 제공한다. 코끼리가 재등장했다. 초창기 꿈에 코끼리는 침입에 대비해서 방어벽을 구축하던 무리 중 일부였다. 이 꿈이 다른 정보의 침입이 일어난다는 경고로 작동할 가능성도 고려해야 한다. 그러나 이 순간 수잔은 창과 초를 든 채 코끼리 위에 올라타고 있다.

이 꿈은 포식자와 먹이감의 관계였던 저번 꿈하고 대비된다. 여기서 코끼리는 수잔의 신성한 탈것이 된다. 그녀가 코끼리 위에 타고 있어, 코끼리는 수잔의 일부이고, 수잔은 코끼리의 일부가 된다. 둘은 상호 협력을 하는 바른 관계를 보여준다. 초가 알아차림의 빛이듯, 창은 수잔에게 보호를 뜻한다. 이 꿈 이미지는 힌두 전통에서 유래된 것으로 보인다. 힌두 여신과 남신들은 흔히 자신의 힘과 의식의 도구를 든 채 각자의 신성한 동물을 타고 있다. 상록수에 빛을 매다는 것은 빛의 제전 하누카 전통에서 유래하는 것이다. 이 결합 이미지가 시사하는 바는, 승리를 기념하는 에너지에 주안점을 맞춘다. 이 거대한 동물이 서로 연결을 해서 강인함을 드러내는 쇼를 강화하고 동시에 무리를 지어 협력하는 그들의 능력을 과시한다.

승리와 경축의 이 꿈으로 우리는 흥분했고 지지를 받았다. 그러나 지금까지 우리 경험으로 볼때는, 이 정도 원형적 꿈 뒤에는 트라우마의 개인적 차원이라는 또 다른 도전을 준비해야 한다.

“시민권”

1988. 6. 18

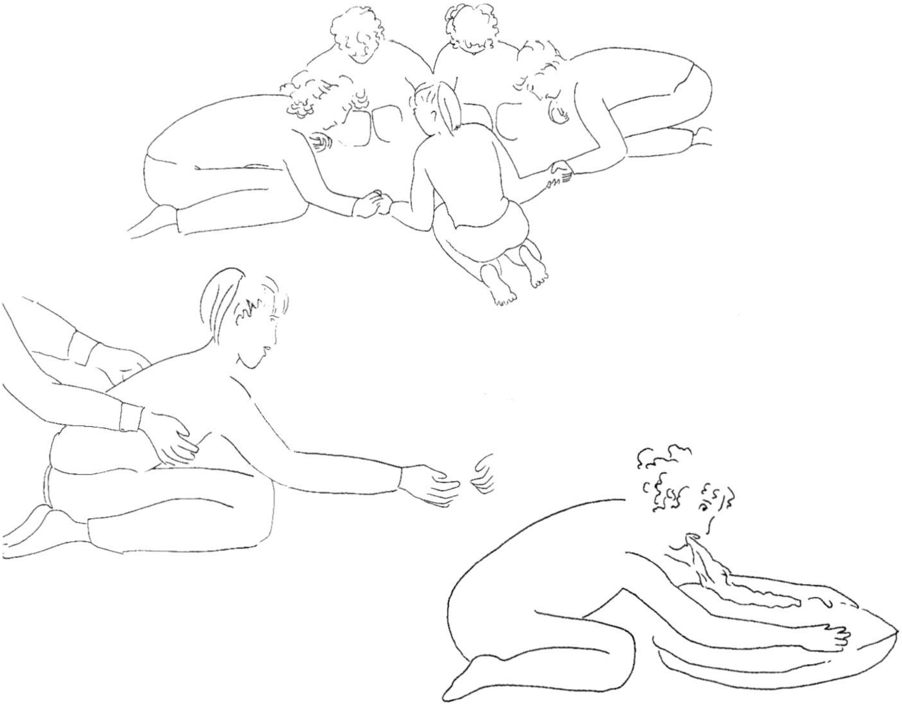

나는 민권운동 변호사를 찾고 있다. 무섭다. 누군가 나를 따라오고 있다. 나는 사람들하고 둥글게 손을 잡고 명상을 하고 있다. 나를 뒤에서 끌어내는 손으로 인해서 원이 깨진다. 내가 벌거벗은 어린아이가 된다. 취약하게 느껴지고 지독하게 무섭다. 내가 비명을 지른다. 길다란 점액이 내 목구멍에서 나온다. 보기에도, 맛도 사정액 같다. 그게 밖으로 나오자 나는 소리를 지르며 운다. 아이 노랫소리가 계속해서 들린다. “버스 바퀴가 하루종일 빙글빙글 돌아갑니다.”

●●● 수잔

공포에서 벗어나기가 그렇게 쉽지만은 않다. 끔찍한 트라우마의 자리로 나를 도로 끌어들인다. 왜 하필 지금 꿈에서 이 일이 일어나지? 꿈을 보내주는 지성이 왜 나에게 다른 암시가 필요하다고 생각하지? 이 꿈은 두려움 때문에 꾸었다고 생각된다. 진실을 말하기 위한 앙갚음에 대한 두려움이다. 누군가 아니면 뭔가가 표현의 권리인 나의 시민의 권리를 부인하게 만들려고 한다.

●●● 패트리샤

다시, 우리가 트라우마의 세계로 떨어졌다. 이 시기가 수잔이 침묵을 깨고 가족들에게 말을 할지 고려하고 있을 때였다. 이에 연류된 감정들이 다시 트라우마 층위를 활성화시키는 듯하다. 꿈에서 수잔은 무서워한다. 변호사가 자유롭게 발언할 수잔의 권리를 보호하고 지켜주는데 도움을 줄 것이다. 승리의 위대한 꿈들 뒤에 극도로 취약하고 위험했던 아이의 감각 꿈이 등장했다. 수잔은 미지의 손에 의해 명상에 집중하고 있는 원에서 끌려나온다. 소리를 지르려고 입을 벌리자, 학대의 물리적인 찌꺼기들이 목구멍을 막고 있다. 이게 나오고 나자 수잔의 비명과 울음소리를 들을 수 있다. 아이의 노래도 트라우마의 잔재다. 트렌스같은 노래는 아이 방식으로 학대로부터 해리되는 걸 말해준다.

"처벌"

1988. 7. 2

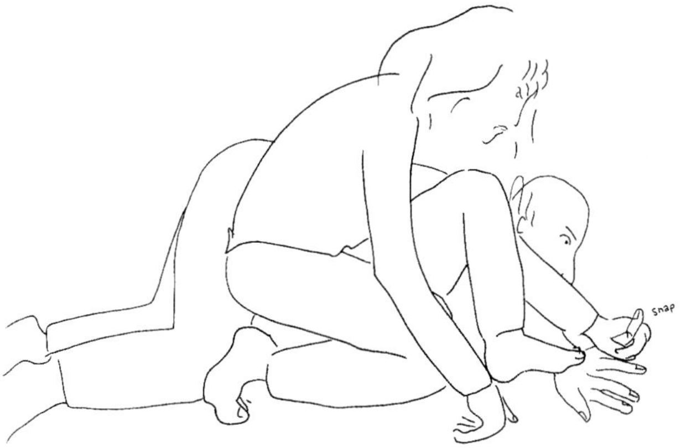

내 무릎 위에 사내아이가 앉아 있다. 내 사촌이다. 할아버지, 할머니와 함께 테이블 둘레에 앉아 있다. 나는 이 아기가 할아버지한테 성적 괴롭힘을 당했다는 걸 알아차린다. 내가 할아버지 손을 바닥에 대고 누르면서 손가락을 전부 부러뜨린다.

●●● 수잔

나는 여기서 성인 레벨에서 할아버지와 관계를 맺고 있다. 이제 더 이상 할아버지 앞에 어린아이로 잡혀 있는 관계가 아니다. 이 꿈은 할아버지가 나와 다른 사람에게 상처 준 데 대해서 육체적으로 벌하는 첫 꿈이다. 나는 이 꿈을 힘을 획득하는데 있어서 커다란 비약이라 간주한다. 나는 할아버지를 응징할 때 격분했다. 한동안 이 분노로 인해 고통을 받을 것이다.

●●● 패트리샤

이 꿈은 수잔이 보호자/방어자 위치임을 보여준다. 수잔이 더는 무력한 희생자가 아니다. 수잔 에너지는 아이를 보호하고, 학대자를 벌하고 보복하는데 정확하게 방향이 맞추어져 있다.

학대 생존자가 가장 힘을 받는 것 중 하나가 정의 실현 과정에 참여할 수 있는 것이다. 수잔이 변호사를 찾는 앞 꿈과 마찬가지로 수잔은 이제 그녀 자신의 검찰관으로 자기 식의 정의 실현을 한다. 꿈에서 수잔은 말 그대로 고문 대상에게 직접 행동으로 나선다. 이제 할아버지 손가락은 쓸모가 없어서 다른 정직한 아이들에게 나쁜 짓을 저지를 수 없다. 이 꿈에 원시적 형태의 보복이 이루어지는데, 비록 폭력적이기는 하지만 극도로 만족스럽다. 실제 가해자는 죽었다. 그러나 여전히 자기가 저지른 죄에 대해서는 징벌의 대상이다. 벌을 주는 것이다.

“웅변하는 여신”

1988. 7. 15

나이 지긋한 지혜로운 흑인 여인이 나를 초대해 헤비급 챔피언 전을 공표하게 만든다. 나는 서둘러 준비를 한다. 옷을 고르는 데 어려움이 있다. 먼저 빨간 엄마 드레스를 입는다. 옷이 잘 안 맞고 마음에도 안 든다. 다음에 검은 황금빛 드레스를 입는다. 내가 15분 늦어서 소개는 못 할 것이다. 지혜로운 여인이 말한다. "이건 일생의 기회야. 절대 놓치지 마라." 그리스 옷, 포도 줄기와 꽃으로 장식된 랩드레스를 입은 여인을 본다. 그녀가 공표를 하고 있다. 그녀의 우아함이나 스타일이 놀랍다.

••• 수잔

터놓고 말할 엄청난 기회다. 그런데 내 느낌을 드러낼 적절한 옷이 없다. 혼란스럽다. 내 앞에서 큰 소리로 고지하는 여인은 대화의 힘이 있다. 그녀가 나를 위해 말을 하도록 길을 터준다. 깨어 있을 때 내가 뭔가 아주 중요한 걸 말해야 할 때, 고통스러운 뭔가 혹은 어려운 뭔가를 말해야 할 때 이 여인에게 부탁을 한다. "웅변을 하는 여신"의 도움으로 어린아이인 내가 목소리를 내고 사람들은 듣는다.

••• 패트리샤

해비급 챔피언 전은 엄청난 시합이 시작될 것이라는 걸 우리들에게 알린다. 수잔이 시합을 공표하도록 초대된다. 초대를 수락했지만 준비하는데 어려움을 겪는다. 뭘 입을 것인가? 수잔이 어떤 페리소나를 구하는가? 수잔에게 엄마 스타일의 표현은 적합하지 않을 뿐 아니라 게다가 자기가 좋아하지도 않는다. 수잔이 검정과 황금색 드레스를 찾았고, 이 옷은 잘 맞다. 그런데 이미 15분이 지연되었다. 수잔에게 영향을 미치고 있는 엄청난 심적 부담이 있다. 절대 놓칠 수 없는 기회가 찾아왔지만, 적절하게 준비를 해야 할 필요가 있다. 나이 지긋한 지혜로운 여인이 수잔이 하도록 촉구한다. 그러나 여전히 도움이 필요하다. 꿈이 고대 여인의 뿌리인 포도 넝쿨과 꽃들로 장식된 여인을 통해서 수잔이 필요한 것을 준비시킨다. 그리스 튜닉이 수잔에게 그리스 여신의 특질을 더해 준다. 그녀는 원형적인 여성 웅변가의 현현으로 보인다. 진실과 거짓의 시합을 고지하는 여신이다. 일상에서 수잔은 이제 막 이 문제들에 관한 자기 목소리를 찾기 시작했다. 수잔은 털어놓을 준비를 하고 있다. 이 여인이 길을 내어준 것이다. 그녀의 음성은 크고 굵고 명료하다.

“용서”

1988. 8. 2

방 안에 할머니와 함께 있다. 할아버지가 배경으로 보인다. 할머니가 떠나려 한다. 내가 할머니한테 가서 뺨에 키스를 한다. 키스를 한 채 한동안 머문다. 이는 내가 여전히도 할머니를 사랑하고 있고, 내 마음에서 할머니와 할아버지는 구분한다는 것을 할머니가 알고 있다는 뜻이다.

●●● 수잔

내가 이 시점에 할아버지 할머니를 구분하는 것은 중요하다. 나는 한 사람의 행동에 대해 다른 사람도 책임이 있다는 생각을 견지하고 싶지 않다. "폭력적인 의도" 꿈에서 할머니는 나를 도와 할아버지의 진실을 끄집어내는데 조력하셨다. 나는 할머니한테 내가 할머니를 비난하지 않고 할머니를 사랑한다는 걸 알리고 있다.

●●● 패트리샤

수잔 할머니는 여전히 살아계신다. 진실을 말하는 과정에서 우리는 수잔에게 무슨 일이 일어났는지 할머니한테 말할 계획을 짠다. 수잔이 할아버지의 범죄와 할머니의 부작위不作爲 행위를 구분하는 것은 중요하다. 수잔은 사랑의 가능성을 차단해버리고 싶어 하지 않는다. 한동안 유지하는 키스 행위는 이중 메시지를 지닌다. 키스는 사랑의 표현일 수 있고, 배신의 표식일 수도 있다. 이 꿈에서 키스는 필요한 소통 행위인데, 이는 수잔이 느끼길 원하는 사랑의 표현이다. 그러나 키스가 반대 의미도 지닐 수 있다. 초기 꿈에서 예수의 키스 꿈을 떠올리게 하는데 그 꿈에서 키스는 아이가 특별한 은총을 받은 표식이라 했다. 어린 수잔의 입장에서 보면 과거 할머니의 무지로 인해 배신을 당했다. 그런데 이는 유다 키스에 대한 답이다. 사랑의 행위로 배신행위를 상쇄한다.

“사막 배”

1988. 9. 21

사막에 있다. 아주 고요하고 아름다운 남성이 여기 산다. 그의 아우라는 평화롭다. 나는 그가 나에게 말을 타는 걸 가르쳐줄 것이라 생각하나, 대신에 우리는 걷는다. 아주 친밀하다. 내가 떠나길 원하고 과일을 좀 가지러 가려 하자 이 남자가 배 두 개를 준다. 나는 강한 정서적 친밀함을 느끼고 내가 떠날 필요성에 대해 갈등을 느낀다. 나는 육체적 관계를 원치 않는다. 내가 떠날 때 그가 나를 따라온다. 이제 나는 그에 관해 그리고 그 아름다운 장소에 관해 백일몽에 빠져 있다. 황홀감에 취해 꿈에서 깨어난다. 내가 있는 곳에 대한 꿈을 꾼다.

●●● 수잔

이 꿈에서 사막의 빛은 선명하고 아름답다. 집은 검소하고 아름답다. 나는 사막 남자에게 끌린다. 그러나 정서적 친밀과 육체적 친밀 사이에 갈등을 겪는다. 그가 제안한 배는 기분을 상쾌하게 한다. 나는 우리가 사랑을 나눈 후에 이 배를 먹을 것이라는 걸 안다. 이 꿈 속에서 나는 꿈을 꾼다. 그 뒤 내가 어디 있는지에 관한 꿈을 꾸다가 꿈에서 깨어난다.

●●● 패트리샤

우리는 이 꿈에서 영적 에너지가 발산되는 걸 느낀다. 손에 잡히는 듯하다. 이전 꿈에 등장했던 사막 지형이 다시 꿈의 배경이다. 여인들이 손으로 작업해서 사막을 골프 코스로 바꾼 그 사막이 이제는 사막의 남자가 사는 집으로 나온다. 사막에 사는 남성성의 에너지는 고요하고 침착하고 친밀하다. 수잔은 말을 어떻게 타는지 배울 것이라 생각한다. 이 남자는 수잔에게 성적 힘이 연류된 관계로 들어가는데 대해 뭔가를 가르칠 것이다. 이 둘은 이야기를 하는 대신, 사막의 남자가 과일을 대접한다. 수잔은 성적 친밀함에 관한 자신의 애매함으로 인해서 받는데 어려움을 느낀다. 여기 강제나 유혹은 없다. 고요한 초대와 과일을 먹자는 제안뿐 이다.

"꿈의 내면"의 꿈이나 그림처럼, 이 꿈은 꿈꾸는 상태에 대해 언급한다. 반면 꿈 그림을 보면 안팎 공간의 대조적 느낌을 보여준다. 여기서도 관점은 안에서부터 밖을 보는 것이다. 꿈에서 문은 밖으로 열려 있다. 밖은 텅 비어 있지만 환한 공간이다. 이 꿈 그림에 창문도 있고, 문도 있는데 둘 다 아무런 걸림돌 없이 황금빛으로 선명한 사막의 빛을 향해 열려 있다. 수잔의 그림에는 창턱 위에 먹지 않은 배가 둘 기대감을 풍기며 놓여 있다. 이는 약속을 잉태한 상태다.

"침묵을 강요당한 목소리"

1988. 9. 29

한 남자가 내 지갑을 잡아채려 한다. 그 사람하고 싸우는데 그 남자가 내 목구멍을 찔러 구멍을 낸다. 아무도 도와주지 않을 것이다. 구멍 난 목에 천을 대고 걸어서 내 아파트로 온다. 다른 소녀들이 거기 있다. 여의사들과 치유자들이 나를 돌보려고 온다.

●●● 수잔

공격자가 나에게서 값어치 있는 것 둘을 빼앗으려 하는데, 내 지갑과 내 목소리다. 지갑을 지켜려고 싸우는 동안 그는 내 목에 구멍을 낸다. 택시 기사가 나를 병원으로 데려다주지 않을 것이다. 연류 되고 싶어 하지 않기 때문이다. 내 침대에 누워 목에 천을 대고 있다. 여인들이 찾아오는데 내 조력자, 내 의사, 치유자들이다.

꿈에서 나는 성인이지만 그림을 그릴 때 나는 다시 아이가 된다. 이 꿈이 침묵을 강요당한 어린아이의 목소리에 관한 것임을 안다. 잊어버리기에는 너무 고통스럽고, 되찾기는 너무 어렵다.

이 시기 나는 침묵을 깨고 가족들에게 말을 했다. 아주 고통스러운 폭로였다. 내가 할아버지에게 성적으로 학대당한 사건에 관해 그간 기억해낸 것들을 가족들에게 말했다. 감히 말을 한다는 것은 상상조차 할 수 없었던 겁에 질린 아이를 그대로 느낀다. 내 몸이 아주 크고 어둡고 텅 빈 듯이 느껴진다. 이게 정말 진짜로 일어났다는 사실에 겁을 먹은 아이, 혼자여서 무서워하는 아이, 거부당할까 두려워하는 아이가 내 안에 있다.

이야기를 공개하기 위한 준비 단계로 패트리샤와 내가 내 힘을 회복하는데 도움이 되는 작업을 한다. 나 자신을 내 자녀들을 위해 용기를 내는 엄마로 볼 필요가 있었다. 화가 나 있고 지켜내려는 어른으로 볼 필요도 있었다. 결국, 아티스트인 나한테 말을 걸었다. 내 진실을 말하는데 도움을 받기 위해 내 스케치들과 그림들을 전부 활용하기로 했다.

가족들은 내 이야기에 충격 받았고 슬퍼했다. 할아버지한테 화를 내고 내게 연민을 느꼈다. 내가 기대했던 최고의 결과였다. 내가 이야기를 털어놓은 것은 말하지 않으면 안 된다고 느낀 지점에 다다랐기 때문이다. 하고 싶지는 않지만 진정으로 할 필요가 있어서이기도 하다. 이야기하는데 가장 중요한 점은 나 자신을 믿는 것이었다. 진실을 수용하지 않는 사람들도 있기 때문이다. 할머니가 이 경우라는 걸 알게 되었다. 처음에 할머니는 이해하시는 것 같았다. 그러나 강경하게 부인하는 것으로 돌아섰다. 나를 거부하셨다. 나는 할머니가 나를 안 보시려는 상태를 내버려 두지는 않을 것이다. 결국에는 이대로의 나를 수용하실 것이다. 스스로를 옹호하려고 일어선 손녀를 말이다. 나중에 친척들을 통해 내 사촌도 할아버지한테 유사한 일을 당했다는 사실을 인정했다고 들었다. 비록 우리가 상세한 이야기를 나누지는 않았지만 사촌이 내게 그 사실을 확인해 주었다. 후에 사촌이 모든 걸 부인하시는 할머니한테 심문을 당했다고 들었다.

너무 힘들기는 하지만 매번 내 이야기를 공유할 때마다 나는 개인적으로 내 힘을 만나고 확신을 갖게 된다는 걸 배우고 있다. 나는 '이야기하기'가 내 목소리의 힘을 되찾는 것이라는 걸 알고 있어서 목소리 내는 걸 주저하지 않는다.

●●● 패트리샤

성적 학대 경험을 직면하는데 가장 중요한 일 하나가 자기 목소리를 찾고, 소리를 내는 것이다. 기억을 되찾고 목소리를 낼 정도로 충분히 믿는 것은 트라우마 치유에 있어서 대단히 주요한 과제다. 자신의 목소리를 찾는 과정에 오래 침묵해왔던 금기를 깨고 다른 사람들에게 진실을 알리는 때가 필연적으로 찾아온다. 이 숙제가 수잔에게는 가족들에게 말을 하는 것이었다. 이 꿈은 두 갈래로 일어나는 학대의 상처를 그림처럼 생생하게 설명해 주고 있다. 지갑이라는 소중한 여자의 정체성을 나타내는 이미지를 강탈당했을 뿐 아니라, 목구멍에 구멍을 내어 소리라는 주요 대화 수단을 무능하게 만든다. 꿈이 보여주듯이, 학대를 털어놓는데 반하는 힘도 강력하고 사악하다. 택시 기사라는 길거리에서 만날 수 있는 보통의 남자는 듣거나 돕는데 관심이 없다. 혹은 원치 않는다. 이 꿈은 집단의 영역과도 이어지는데, 꿈 꾼 이가 자기하고 유사한 상처를 입은 "다른 소녀들이 저기에 있어"라고 하며 이들과 함께인 자신을 발견한다. 도움이 필요하고 학대를 치유하는 작업은 개인적 필요뿐 아니라 집단적인 필요성도 지닌다.

"모든 것을 아는 여신"

1988. 10. 3

내가 카리브해 유역에 있는데 산호로 만든 보석을 찾고 있다. 한 여인이 내게 아프리카 터반을 보여준다. 그녀 트렁크에 터반이 가득 들어있다. 그녀가 검고 비취색 나는 터반을 나에게 씌워준다. 계산대 여인이 "나는 이 터반을 오로지 소피를 위해 가져왔어"라고 말한다.

●●● 수잔

나는 검정색과 비취색이 섞인 터반 쓴 여인을 그렸다. 그녀는 흑인이고 실물 크기보다 더 크다. 달이 등 뒤에서 비친다. 별들이 에워싸고 있다. 나는 그녀가 강력한 밤의 수호자이며 모든 걸 아는 여신이라는 걸 안다. 나는 이제 안전함과 알아차림이라는 느낌으로 그녀의 존재를 감지하게 된다. 더 이상 나 자신을 위험에 빠뜨리는 나의 최대의 적이 내가 아니다. 관찰하고 알아차리고 또 자신감이라는 새로운 느낌도 생긴다. "소피, 소피아"를 사전에서 찾아보니 그리스어에서 유래한 지식과 지혜라는 뜻이다.

●●● 패트리샤

수잔에게 카리브해는 "모든 걸 아는 여신"의 고향이다. 꿈에서 수잔은 산호로 만든 보석을 찾고 있다. 이전 꿈에 등장했던 잃어버렸던 보석을 찾는 게 아니다. 전혀 새로운 뭔가를 찾는다. 수잔은 산호를 깊은 바다에서 나는 보석이라고 연상한다.

산호에 대해 조사하니 지중해 전역에서 가장 값진 보석이라 간주하는데 특히 산호 목걸이는 아이들에게 마법의 힘을 지닌다고 한다. 아이를 악의에 찬 눈초리들로부터 보호한다는 것이다. 산호는 바다에서 자라는 생명의 나무다.

붉은색 산호는 신화적으로 생명을 부여하는 여성의 피하고 연결되어 있다.

산호 탐색 꿈은 수잔에게 뭔가 전혀 다른 것을 보여주는데 트렁크에 한가득 든 아프리카 터반이다. 이 장면이 다른 꿈을 떠올리게 하는데, 수잔에게 일종의 의례용 옷을 입도록 제공했던 꿈이다. 이제 수잔이 검정과 비취색이 조화를 이루는 터반을 받는다. 머리 장식인 터반은 머리 즉 머리속에 든 것을 감싼다. 계산대에 있는 여자가 이 터반들은 오로지 "소피"를 위한 것이라고 말해준다. 소피에 대해 찾아본 수잔은 이 꿈이 여성성의 지혜와 지식을 받는 것에 관한 것이라고 이해한다.

수잔이 지혜로운 여신/달의 여신을 그리자, 부족 여인들의 통과의례를 관장하던 여인 중 한 명으로 그렸다. 그녀는 평정심을 지닌 모든 것을 아는 여신이고 여신의 전지함을 수잔이 알 수 있도록 도와준다. 터반은 수잔에게 여신의 지혜를 계속 유지하고 간직하도록 해준다.

"고문"

1988. 10. 4

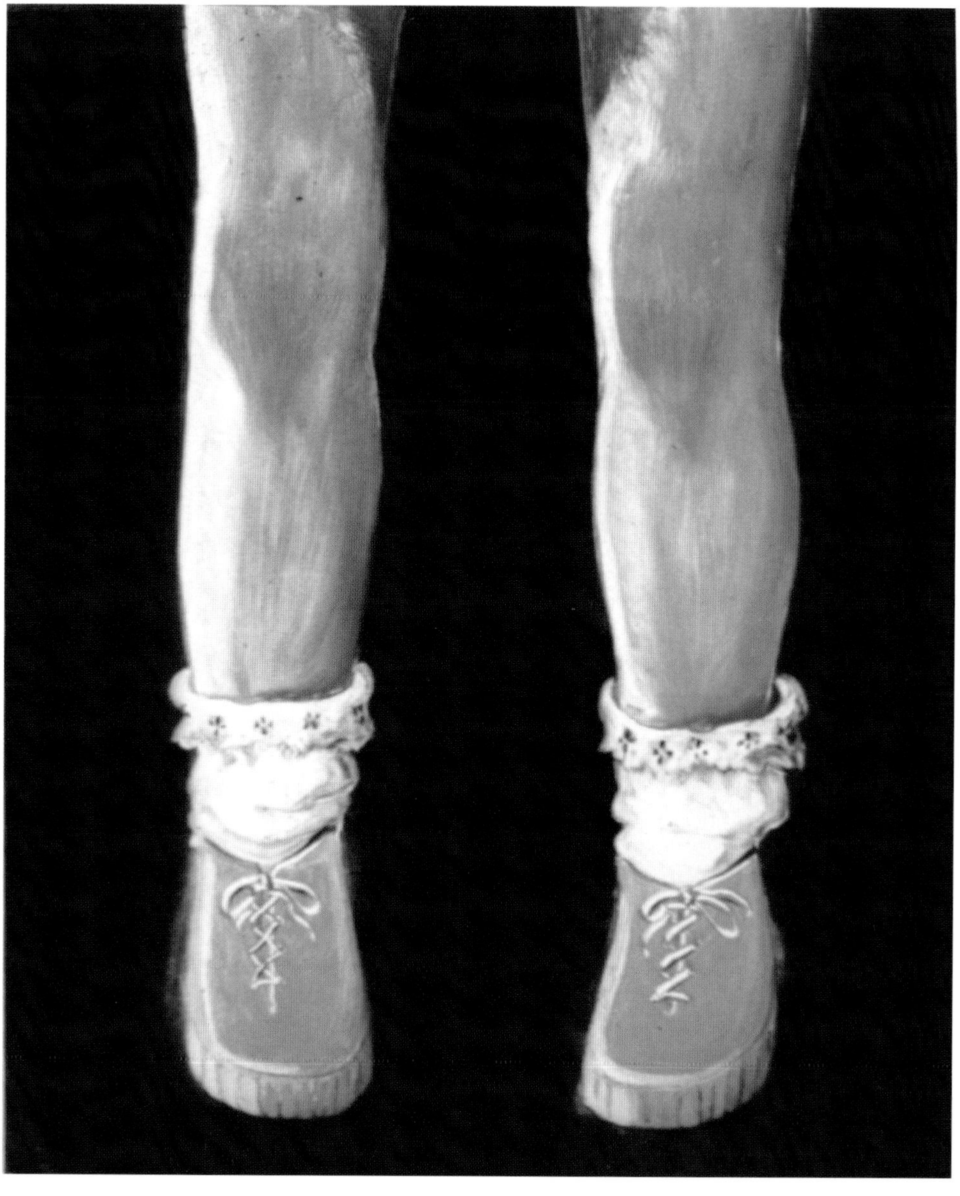

내가 베트남전 참전용사들의 외상후스트레스증후군(PTSD) 모임에 참가했다. 한 친구에게 즉각적인 플래시백이 일어나서 뒤집어진다. 그에게는 감당이 안 되는 상황이다. 내게도 플래시백이 일어난다. 내 다리를 보니 작고 가늘다. 내가 매달려 있다. 내가 고문을 받았다는 걸 안다. 이 알아차림은 너무 괴로워서 견딜 수가 없을 지경이다. 나는 비명을 지르고 또 지른다. 내 의식이 돌아오자 내 친구들이 거기에 있다. 친구들도 다 같이 울고 있다. 떼라피스트가 모든 게 괜찮은지 보기 위해 하루 두 번 경찰관이 나를 점검하도록 할 것이다. 플래시백 경험은 강력하고 압도적이라 너무 무섭다.

●●● 수잔

어떤 특정 사건이 이 꿈의 원인이 되었는지는 모르겠으나, 극도로 고통스럽다. 꿈 그림에 내 다리는 작고 가늘고 발을 보니 아기 양발과 아기 신발을 신고 있다. 불특정 고문이 일어났다. 이 사실을 받아들이는 것은 견딜 수 없을 정도다. 이 고통이 꿈에서 나를 기절시킨다. 회복 과정에 내가 알아야 할 것이 무엇인지 찾기 위해서 기절했던 그 자리로 갔었다. 지금도 이 그림은 쳐다보기조차 힘들다.

●●● 패트리샤

이 꿈은 "모든 것을 아는 여신" 바로 다음날 꾸었다. 이제는 꿈의 리듬이 익숙해서 예측이 가능하다. 통과의례 차원의 꿈에는 힘이라는 선물이 들어있지만 트라우마 영역의 꿈이 뒤따른다. 이 꿈은 어린 수잔에게 일어났던 뼛속까지 사무치는 정신적 충격에 연류된 전체 감정의 실체를 우리들에게 주려는 듯하다. 그림으로 표현한 장면은 학대가 어린 수잔한테 어떻게 느껴졌을지의 깊이를 전해준다. 이 꿈에 엄청난 정서적 에너지가 부하되어 있어서 꿈꾼 이가 기절을 할 정도다. 너무 많은 아픔과 너무 많은 고통과 너무 많은 알 것이 들어 있어서 보호하려고 정신을 잃어버린다. 꿈에서 수잔이 의식을 되찾았을 때 친구들이 그 자리에서 울고 있다.

수잔에게 일어난 말도 안 되는 악랄한 상처에 대해서 이러한 반응을 보고 느끼는 것은 매우 중요하다. 다른 사람, 특히 친구들이 일어난 일에 대해 정서적으로 공감하고 반응한다는 사실을 아는 것이 치유작업을 진척시킨다. 이는 고립감을 극복하게 하고 치유가 계속 일어나도록 하는데도 도움이 된다. 떼라피스트가 경찰관을 보내 모든 게 괜찮은지 두 번씩 점검하도록 하는 세부 장면은 절대적 확신과 안전이 필요하다는 표현이다.

이 꿈과 여러 달 뒤에 그린 꿈 그림은 아이가 견뎌낸 고통과 고문의 깊이를 끊임없이 상기하게 한다.

“호되게 처박다”

1988. 10. 16

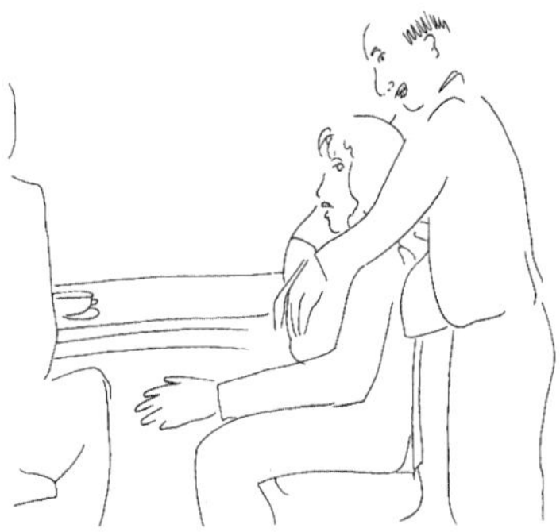

내가 할아버지 부엌으로 걸어들어 가다가 할아버지를 보고 멈춰 선다. 거기서 할아버지를 만나다니 놀랍다. 할아버지가 죽었다고 생각했다. 내가 테이블 의자에 앉는다. 할아버지가 내 등에 기대며 내 가슴을 움켜잡는다. 내가 벌떡 일어나 할아버지를 어깨 위로 내동댕이친다. 엄마 옆에 있는 쇠 의자에 할아버지가 처박힌다. 할머니는 내가 너무 심하게 행동했다고 생각한다. 그러나 엄마, 아버지는 그렇게 생각하지 않는다.

●●● 수잔

이제 할만큼 했다. 나는 컸고 힘도 세다. 할아버지가 나를 이용하는 걸 용서치 않겠다. 이 힘은 기분 좋게 느껴진다. 내가 나를 위해 일어선다. 꿈에 가족들이 보이는 반응이 실제 이들의 반응을 반영한다. 엄마와 아버지는 격분했고 할머니의 기품은 깨어졌다. 가족 내에 할아버지가 여전히 살아있다는 게 굉장히 놀랍다.

●●● 패트리샤

이 꿈에 경계 침범이 일어나자 이에 대항해서 기민하고 직접적으로 복수하는 주제가 다시 등장한다. 수잔이 그녀의 상처의 정도를 알아갈수록 이에 대항해서 자기방어를 더 잘할 수 있다. 꿈에 할아버지가 주위를 얼쩡거린다는 사실은 우리가 아직 할아버지와 해결할 게 남아 있다는 말이다.

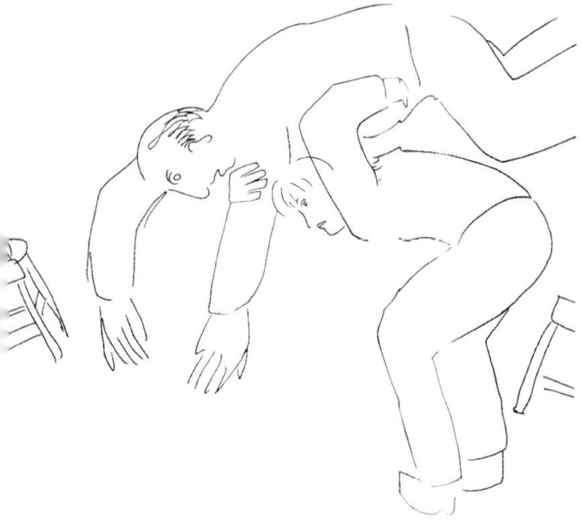

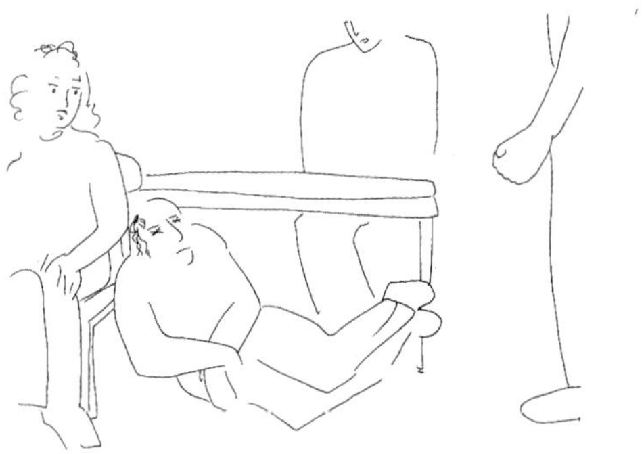

"전사 아이의 복수"

1988. 10. 29

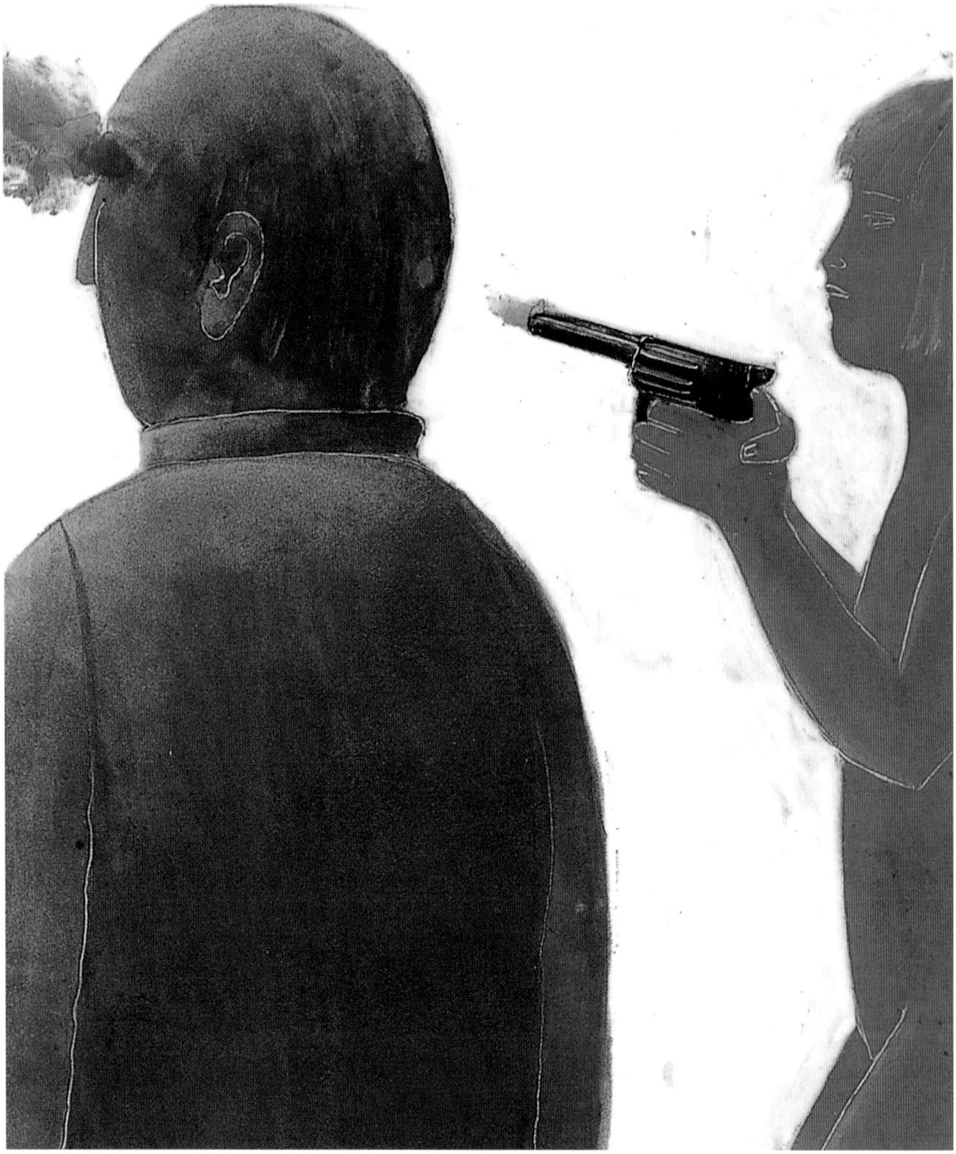

갱단이 우리 뒤를 쫓는다. 이들이 우리 차 앞으로 자기들 차를 몰아 우리 차를 세운다. 내가 창밖으로 권총을 내밀어 가운데 있는 남자를 쏜다. 총알이 뒷머리를 관통해 눈알이 튀어 나온다. 나는 가책을 느끼지 않는다.

●●● 수잔

처형을 한다. 미안하지는 않다. 꿈에서는 내가 성인으로 나왔지만 나 자신을 그림으로 그리자 어린아이가 되었다. 내가 하는 행위가 어린아이들이 흔히 하는 행동은 아니어서 슬프다. 내 표현이 고루하고 비정하다. 나는 전사 아이를 붉게 그렸는데 분노와 힘을 나타내기 위해서다. 할아버지는 역겨운 녹색으로 그렸다. 엄청난 양의 피는 할아버지가 죽었다는 확신을 하기 위해서 사용했다. 이전 꿈에 할아버지를 집어 던졌다. 이번에 할아버지를 끝장냈다. 나는 포로들을 잡지는 않는다.

●●● 패트리샤

실제로 할아버지가 사망했기 때문에 수잔은 꿈 세계에서 복수와 정의를 끌어내야 한다. 비록 주위의 여러 사람들이 용서하라는 충고를 하지만, 복수를 포함해서 전체 범주의 감정들을 허용하는 일이 무엇보다 중요하다. 당시 누구도 어린아이인 수잔을 구하러 올 수 없었기에 이제 꿈 세계에서 이 일이 벌어진다.

그림을 그리는 동안, 수잔은 이런 류의 무례함이 아이한테 무거운 짐이 되어 자기 자신을 나이 먹고 비정하다고 느끼게 만든다는 걸 알아차린다. 이 정도의 복수와 이 정도의 집중된 화는 지불할 대가가 있다. 이것이 필요하기는 하지만 희생도 크다. 아주 무자비해져야 학대자의 존재를 끝장낼 수 있다. 이 잔인한 복수는 구역질나고 사악한 할아버지의 부분에 과녁을 맞춘다. 파괴될 필요가 있는 부분을 겨냥하는 것이다.

"사막의 남자와 여자"

1988. 12. 10

사막의 남자가 내 남편인데 나에게 고리에 연결한 담수 진주와 다이아몬드를 선물로 준다. 그의 이름은 헤비브Hebeeb이다. 그는 노마드로 텐트에서 산다.

●●● 수잔

사막에서 담수 진주는 분명 드물고 가치 있는 선물이다. 이 꿈의 맥락상, 보석은 친밀함을 표하는 선물이다. 이전에 사막의 남자가 내게 배를 주었다. 이 선물은 정서적 친밀함과 육체적인 거리 사이의 딜레마를 드러나게 했다. 여기서의 느낌은 온전함이다. 이 귀한 선물은 내 고결함에 경의를 표하는 뜻으로 주는 것이다. 이는 기억해내고, 고통을 겪고, 치유를 하는 과정을 거치면서 나의 파편화된 부분들을 재회하여 생겨난 온전함의 느낌이다.

●●● 패트리샤

이 꿈이 깊은 치유와 선물이라는 느낌을 준다. 전에 사막의 남자 꿈에서 제시된 배에 함축된 약속이 충족된 느낌이다. 사막 땅에서 생산된 담수 진주는 대단히 값진 선물이다.

수잔은 이 진주 선물을 성적 친밀함과 온전성이라 연상하는데 수잔의 이 알아차림은 신화적 차원에서 확인이 된다. 내가 수잔에게 진주는 성적 사랑의 여신인 아포로디테에게 신성한 보석이라 말해준다. 아포로디테의 "진주의 문"은 그녀의 신성한 음문이고, 진주 선물도 그러하기에, "지혜의 진주"는 완전한 성적 충만감을 나타낸다. 남성성과 여성성의 의식이 여신의 완전한 지혜 안에서 결합한다. 꿈은 진주와 함께 어울리도록 추가 요소로 다이아몬드를 더하는데 이는 자기Self의 완전함을 나타내기에 더욱 강력한 이미지를 만들어낸다. 이 꿈으로 탄생한 수잔의 꿈 그림에서는 이 만남의 친밀한 순간이 잘 드러난다.

“커다란 새 샤먼”

1989. 1. 11

조그마한 상자에 들어있는 베리류의 작은 과일을 산다. 집으로 돌아오는 길에 커다란 새가 과일을 먹으러 날아온다. 새가 땅에 내려서자 더 커진다. 새 안에 아주 조그마한 소년이 있다. 소년이 내 딸기를 먹는다.

●●● 수잔

놀라운 새다. 크기가 막 커질 뿐 아니라 새 안에서 아이가 나온다. 나는 내 과일을 커다란 새/소년에게 준다. 이 새는 분명히 초자연적인 새로, 옛이야기에서나 찾아볼 법한 그런 류의 새다. 새 속에 왜 아이가 있는지 나는 모른다. 나에게는 신비다.

●●● 패트리샤

이 꿈은 참으로 신비롭다. 이 이미지가 "천둥새" 꿈을 떠올리게 한다. 그 꿈에서 커다란 원형적인 새와 작은 보통의 새가 수잔이 들고 있는 손바닥에 내려앉았다. 샤먼의 영역에서 온 이 새는 영혼의 운반자이다. 새가 뭔가 인간적인 작은 사내아이를 데려온다. 이 꿈이 넋드림 과정의 일부일까? 우리는 이 새가 뭔가를 땅으로 데려왔다는 것을 안다. 그리고 수잔 이야기의 일부를 먹인다. 수잔이 처음으로 그녀를 도와주었던 영들에게 뭔가를 주기 시작한다.

“위대한 보호자 곰”

1989. 3. 4

거대한 곰이 숲에서 나온다. 한 남자가 냄새로 곰을 유인한다. 곰이 덤불에서 걸어 나와 날카로운 손톱으로 사냥꾼을 잡아채자, 사냥꾼의 팔과 가슴에 깊은 상처가 난다.

●●● 수잔

곰이 사냥감이었는데 포식자가 된다. 사냥꾼과의 상황이 뒤집힌 것이다. 범죄를 저지르려고 접근하는 자들에게 위대한 곰이란 보호자를 조심하라고 말해주는 경고다. 나는 어려운 상황일 때 도움과 용기가 필요하면 이 위대한 곰에게 부탁한다. 사실 이 꿈 그림은 믿음직한 내 반려견, 세퍼드를 닮았다.

●●● 패트리샤

포식자/먹이감 관계의 꿈에서, 어린 시절 성적 학대의 희생자 패러다임이 방향전환을 한다. 이 역전이 일어나는 순간, 포식자와 먹잇감이 같은 드라마의 등장인물들이라는 게 보인다. 한때 사냥감인 곰이 포식자가 되고, 한때 포식자인 사냥꾼이 먹잇감이 된다. 대체로 보호를 기원할 때는 암곰에게 하는데, 수잔의 꿈들을 보면 수호 동물이 지닌 힘에 의지하는 바가 크다. 나는 수잔에게 고대 그리스에서는 아르테미스 여신을 숭배하는 어린 소녀들이 곰 가죽을 덮어 썼다는 걸 말해준다. 이 소녀들을 "어린 곰"이라 불렀고 곰 가죽이 너무 일찍이 성적으로 연류되는 것으로부터 소녀들을 보호해준다고 가르쳤다.

나는 이 꿈에서 수잔이 자기 이빨과 발톱을 되찾는 것을 본다. 자신을 보호하는 자기의 깊은 본능적인 힘을 만난다.

"첫 번째 거북"

1989. 3. 10

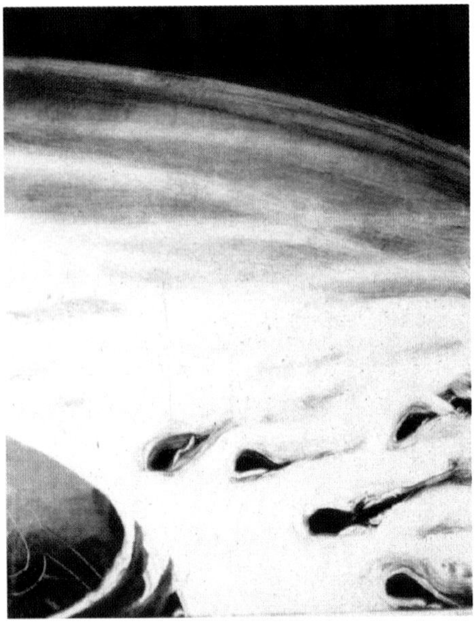

내가 버스를 타고 우리 송아지를 집으로 데려온다. 송아지를 질퍽거리는 흙이 있는 들판에 풀어놓는다. 언덕 위에 호피 인디안 광대춤꾼Hopi clown dancer이 있는데 몸에 흰색과 검정색 칠을 하고 깃털 장식을 달고 있다. 내가 운전을 해서 연못 곁으로 가자 물이 움직이기 시작한다. 커다란 거북이가 흙탕물에서 땅 위로 기어 올라온다. 올챙이들이 물 표면에 움직임을 만든다. 봄이다.

●●● 수잔

봄이 되면 거북이 돌아오듯이, 거름에서 생명이 돌아오는 약속의 꿈이라 생각된다. 물결을 일으키는 올챙이들 또한 생명이 재탄생하는 사인이다. 내가 건강하고 어린 송아지를 풀어 놓는다. 들판에 송아지의 친구는 호피 인디안 광대다. 광대는 트릭스터이자 창조자로 알려져 있어서, 이 출현이 재탄생의 의례처럼 느껴진다. 나는 어떤 새로운 삶에 대한 준비가 되었다.

●●● 패트리샤

송아지를 집으로 데려온다. 집에서 키우는 송아지는 자양분의 원천이다. 송아지를 확 터진 풀밭에 풀어준다. 호피신화에서 광대춤꾼은 창조자다. 그리고 가장 오래되고 가장 영속성이 있는 북미 인디안 신화 중 하나에 거북이 등이 세상을 받치고 있다. 원시 물에서 거북이가 도래하는 것은 우리들에게 새로운 세상이 태어난다는 걸 시사한다. 올챙이 또한 봄의 사인 중 하나다. 이 꿈은 이른 봄의 전조로 새 생명의 때나 새로운 시작의 의미로 등장한다.

꿈의 내용이나 느낌이 변하고 있다. 꿈에 생명 있는 존재의 에너지 유입이 일어난다. "새 샤먼"이 천상에서 내려온다. "위대한 보호자 곰"이 숲에서 나온다. 송아지는 풀밭에서 자유롭게 노닌다. 봄날 "첫번 째 거북이"가 땅으로 올라온다.

"바람의 말"

1989. 3. 10

나는 내 아름다운 말을 데리고 경마 개최장을 걷는다. 집시 여인이 멋진 내 말이 목말라 하니 마실 물을 주라고 내게 말하는 동안, 집시 남자가 말안장을 채우기 시작한다. 그 남자가 "우리는 경주를 위해 말이 필요해"라고 말한다. 내가 말한다. "내버려둬요. 나는 내 말을 경주에 내보내지는 않을 거예요." 나는 말을 데리고 그 자리를 떠난다.

●●● 수잔

내가 말 그림을 그릴 때, 말이 인격을 지니도록 표현하려고 거듭 애를 쓴다. 이 말에 적합한 유일한 이미지는 야생마일 것이다. 바람에 갈퀴를 나부끼며 고독하고 자유롭다는 걸 온몸으로 말한다. 마침내 내 야생마 에너지가 마구간에서 풀려났다. 송아지나 망아지들을 전부 자유롭게 풀어준다. 내 몸과 영이 확장되고 매이지 않는 느낌이다.

●●● 패트리샤

이 꿈에서 수잔은 초창기에 등장한 말 꿈하고는 아주 다른 관계를 맺고 있다. 집시를 만난 것은 시험이다. 트릭스터 영의 에너지가 수잔의 에너지를 악용할 기회는 언제나 널려 있을 것이다. 그러나 이제 수잔은 자기 에너지의 가치나 본성에 관해 명료하게 안다. 수잔은 자기 말이 어떤 이득이나 수입을 위해 사용되어서는 안 되고 공연 같은 걸 위해서 이용되어서도 안 된다는 걸 안다.

그림에 표현한 말은 야생마다. 길들지 않을 것이다. 그런데도 아티스트 수잔하고 관계를 맺고 있다. 수잔은 끝없이 열린 자리가 없어서는 안 되는 말의 필요를 잘 알고 말의 에너지가 자유롭도록 놔둔다.

수잔은 이 꿈의 제목을 "바람의 말"이라 붙인다. 이는 티벳인들이 사원이나 집 근처, 산길, 신성한 자리에 만드는 기도 깃발을 지칭할 때 사용하는 표현이기도 하다. "바람의 말"은 고양감과 신뢰를 상징한다. 바람에 휘날리는 깃발의 기도로 뭇생명의 안녕을 기원하고 중생에게 부처의 가르침을 전한다.

"황금잉어"

1989. 3. 25

아주 커다란 물고기 한 마리가 물에 있다. 물고기는 배가 고프다. 내가 내 입에서 생선 조각을 꺼내서 먹인다.

●●● 수잔

이 꿈은 영들에게 먹거리를 바치는 고대의 의례를 떠올리게 한다. 원주민들이 사람들에게 베푼 선물에 대한 감사 표시로 영들에게 제물을 드리는 걸 안다. 여기서 내 입에 있는 걸로 물고기를 먹인다. 이는 내 입에 물고 있던 것이 탈바꿈했다는 표식이다. 나는 이제 뭔가 가치 있는 것을 생산한다. 물고기 영에게 자양분이 되는 제물을 바친다.

●●● 패트리샤

"상이군인 훈장" 꿈에 상응하는 꿈이다. 앞 꿈에서 수잔의 입에서 나오는 것은 소화할 수 없는 트라우마의 조각이었다. 이제 수잔의 입에서 잉어를 위해 좋은 자양분이 나온다.

다시 영들에게 먹이를 공양하는 주제다. 내가 수잔한테 황금 잉어는 중국과 일본에서 행운의 상징이자 장수의 상징으로 알려져 있다고 말해준다. 물의 흐름을 거슬러 헤엄치는 물고기여서 용기와 불굴의 의지를 나타내기도 한다.

"충만"

1989. 3. 20

●●● 수잔

"충만"은 내 회복 작업의 완성을 나타내는 이미지다. 이 여인을 탄생시키기 위해 나는 꿈에 등장한 여러 여인들을 결합시켰다. 나는 그녀를 풍요로운 꿀색 피부에, 길고 부드러운 머릿결의 소유자로 그렸다. 축하하기 위해서 빨강 꽃 하얀 꽃으로 그녀를 에워쌌다. 이 이미지를 출력하려고 프린트샵에 갔는데 휴일이라 문을 닫았다. 나는 마음이 심란했다. 다른 선택권이 없어서 이 그림을 말아 플라스틱 통에 넣었다. 이러면 이미지가 손상될 수 있다는 걸 안다. 다음날 나는 깊은 산길을 운전해서 다른 프린트샵에 도착했다. 그림을 펼치는 순간 아직 더 손 볼 필요가 있다는 걸 알게 되었다. 재작업 과정을 거치는 동안, 그녀는 훨씬 더 풍요롭고 복합적인 인물로 태어났다. 내가 한 이 아트 작업의 경험이, 꿈으로 작업한 전체 치유 과정에 대한 완벽한 은유라 생각된다.

맺음글

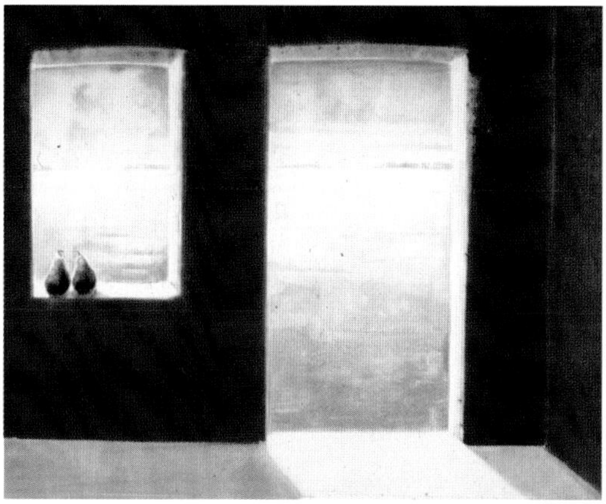

아티스트의 과정 _ 수잔 스노우

꿈작업을 통해 얻은 교훈 _ 패트리샤 라이스

애니 로저스와의 대화

아티스트의 과정

_ 수잔 스노우

패트리샤와 테라피 작업을 한 2년 반이란 기간 동안 나는 매일 내 꿈을 기록했다. 때로 잠자다가 중간에 깨서 꿈을 적었고, 다른 때는 아침에 일어나 기록을 했다. 깊은 잠에 빠졌을 때 꿈이 나를 더 끈덕지게 끌어당길수록 기록에 대한 요구도 더 커졌다.

밤중에 당장 스케치하지 않으면 안 되겠다는 느낌을 받은 적이 꼭 한 번 있었다. 입술 없이 찡그린 얼굴과 그 이빨을 봤을 때 내가 본 얼굴을 포착하고 싶었다(74쪽). 얼굴 이미지를 꼭 파악해야만 할 것 같았다. 이 여자가 나한테 상처를 입혔다. 이번에는 내가 누군가에게 말을 할 것이다. 꿈을 기록하고 스케치를 한 다음 다시 자러 갔다. 다음날 아침에 나는 전체 꿈 장면을 순서대로 그렸다. 중요 사건 하나하나가 특별한 순간에 대한 스케치로 탄생했다. 캡션도 달았다. 꿈이 스토리 보드가 되도록 했는데, 내가 내 꿈을 기록하고 보존한 방식이 이것이다.

매주 패트리샤와 만났을 때, 함께 논의할 꿈을 선별했다. 종종 서너 꿈을 스케치했고, 때로는 한 꿈에 대해 그림을 여러 장 그릴 때도 있었다. 패트리샤가 그 주간의 스케치를 훑어보다가는 멈추고 내게 질문을 했다. "이 사람이 누구야?", "여기 무슨 일이 벌어지지?", "이 사람이 너에게 의미하는 바가 뭐야?" 내가 이야기하고 싶은 꿈을 선택하기도 했다. 주로 다른 꿈들보다 과하게 불편하거나 특별히 나한테 소중하다고 여겨지는 꿈을 골랐다.

사소해 보이는 꿈들, 즉 나하고 연관이 없거나 이치에 맞지 않아 보이는 꿈들도 있었다. 예로 "블랙홀"(39쪽) 꿈이 그랬다. 꿈에서 어린아이의 고통을 완화시켜 주려고 마실 것을 주는데, 이 꿈을 꾸고 꿈 그림을 그렸을 때만해도 다른 사람에 관한 꿈이라 생각했다. 우울 때문에 떼라피를 하다가 어린 시절에 일어난 근친상간에 대해 알게 된 친구에 관한 꿈이라 여겼다. 패트리샤와 내가 이 스케치를 보는 동안에 나는 마치 깜깜한 허공으로 빨려 들어가는 듯한 이상한 느낌을 받았다. 인지하느라 현기증이 났다. 꿈에 등장한 아이가 바로 나였던 것이다. 엄마도 나다. 또 동시에 내 엄마를 나타내기도 한다. 사실 우리 셋 다 어린 시절 근친상간이라는 경험으로 이어져 있었다. 내 몸에 에너지가 느껴진다는 것은 기절할 일이었다. 그렇지만 내가 감정적으로 이 꿈 이미지하고 연결된 상태로 머물면서 정보를 좀 더 알아내려고 하자, 갑자기 이 연결된 느낌이 사라져 버렸다. 그래서 오랜 시간 동안 검토를 했다. 꿈을 꾸는 나의 무의식은 내 의식적 마음에 정보의 조각을 조금씩만 보내주었다.

패트리샤와 작업을 하는 동안 꿈을 스케치하는데 스케치북 열두 권을 썼고, 꿈을 그림으로 완성한 숫자도 엄청나다. 이 책 맨 앞에 등장하는 그림 열 장을 제외하고, 나머지 그림은 매우 사적인 스튜디오에서 그렸다. 이 자리는 내가 1년에 한 달씩 머무는 예술인 정착촌이다. 나는 그간의 모든 스케치를 들고 가서 작업을 했고 또 새로운 그림도 그렸다. 때로 나는 그림들을 훑어가다가 그날 공명을 하는 그림을 찾아냈다. 간혹 내가 중요한 꿈의 목록을 만들고 꿈작업을 할 때 그중 하나를 택해서 하기도 했다. 매일이 달랐다. 이 방식으로 꿈을 다루는 것이 새로운 꿈을 촉발시켰다. 게다가 작업할 소재들을 더 많이 생산해 냈다.

어떤 고통스러운 꿈들은 엄청난 공포로 다가갔다. 그러나 이런 꿈들은 전체 과정의 일부분이라는 걸 알았고, 꿈을 그림으로 그릴 필요를 느꼈다. "상이군인 훈장"(135쪽)이 그 예다. 혐오스러운 것을 토해냈을 때 내가 느낀 끔찍한 구토를 표현하기 위해서 의식적으로 지독하게 무서운 색을 택했다. 이는 나로부터 추방하는 과정이었다. 오래 매달려 있었던, 나를 취약하게 만들었던 기억을 해소하는 과정이었다. 그림을 그리는 동안 나는 꿈의 부분 부분을 온몸으로 느끼도록 허용을 했고, 눈물을 흘리고 울부짖고 흐느끼고 불편감을 가만 내버려 두었다. 이를 거쳐서 꿈을 내게서 떠나보냈다.

어떤 꿈 그림은 전혀 다르게 탄생했다. 훨씬 탄력적이었는데 꿈 이미지가 창작과정을 거치는 동안 변형이 이루어졌다. "빗질"(90쪽)이 그 예다. 이 꿈 그림은 모성이 강한 내 친구가 내 머리를 만져주도록 허용하는 이미지다. 이 꿈은 내 집이나 부엌에서 누군가 아는 사람하고 같이 하는 일상의 일로 묘사를 했다. 그림을 그릴 때 나는 어떤 색을 사용할지, 여인들을 어떻게 묘사할지에 관해 고민을 했다. 내 결정은 꿈 이미지를 손상시키지 않는 선까지 벗겨내는 것이었다. 생생한 풍요로움을 위해서 단색 즉, 검정으로 인물들을 그려서 단순하게 만들 작정이었다. 그런 다음 훨씬 보편적인 공간 같은 데에 이들을 배치시켜서 이 여인들의 행위가 시간을 초월하는 것으로 또 이 여인들이 영원하도록 했다. 그림 그리기와 결정하기 과정 동안 여인들이 일상의 평이함에서 원형적 혹은 신화적 영역으로 변형되었다.

아트 작업이 진화하는 동안에 변화가 일어난 다른 영역은 전위되는 시간 개념의 이해였다. 그 예가 "비탄"(110쪽)이다. 꿈과 꿈에 이어 탄생한 그림에 아이의 상심을 다루었다. 침을 흘리며 울부짖고 나쁜 뭔가가 일어났었다. 이 순간을 묘사하려고 밑그림을 그리자 곱슬머리에 침 흘리는 소녀가 성인인 나로 바뀌었다. 소녀는 이제 더 이상 다섯 살이 아니라 서른다섯 살이다. 이렇게 한 것은 나의 의식적 선택이나 결정은 아니었다. 나는 과거부터 지금까지 이어지고 있는 이 순간의 공포와 슬픔과 불안을 전부 다 느꼈다.

아주 긴 아트 작업을 하고 나서 패트리샤와 내가 만나면 늘 떠나있었던 동안에 그린 스케치와 그림들을 전부 토의했다. 우리는 이전의 꿈도 일부 탐색했고, 나머지는 새로운 그림들을 보며 이 기나긴 아트 작업의 결과물에 대해 이야기했다. 나는 이 방식으로 엄청난 양의 꿈 재료들로 그림 작업을 할 수 있었다.

아트 작업 동안에 느낌, 청산, 해소, 통합 같은 여러 공정을 거쳐 갔다. 각 그림마다 내게 울림이 있었고 의미를 주어서 나의 이야기를 더 완전하게 파악하고 이해하도록 도와주었다. 창작 과정에 깊이 침잠하였기에 직접적으로 내 이슈의 핵으로 들어갈 수 있었고, 패트리샤의 도움으로 평생의 해답을 찾을 기회가 주어졌다.

꿈작업을 통해 얻은 교훈

_ 패트리샤 라이스 Patricia Reis

신경학자이자 작가인 올리버 색스Oliver Sacks가 "삶에는 엄청난 불연속성이 있어서 우리는 기억을 통해서 다리 놓기와 화해하기와 통합을 추구하고, 이 너머는 신화와 아트에서 찾는다"고 말한 바 있다. 이어서 "우리는 누구든 궁극적으로는 과거로부터의 유배자이다"라고 지적했다.

이 책에 등장하는 꿈과 아트는 창조적인 과정을 통해, 꿈꾼 사람 내면에서 과거로 돌아가 파괴된 부분들을 기억하고, 회상하고, 재회하려는 시급한 필요성을 드러내 보여준다. 수잔의 꿈과 아트 작업 그리고 우리 둘의 상호 협력을 통해, 수잔의 기억에서 빈자리로 남아있던 어린 시절 트라우마 사건들로 인해 초래된 엄청난 단절을 극복하는데 도움을 받았다. 꿈이 수잔에게 깊은 정서적·육체적 감각과 실체를 느끼고 다시 연결하도록 그리고 영적 온전성에 대한 느낌을 갖도록 할 수 있었다. 수잔이 무의식으로의 여정을 감행하고 이미지를 찾아서 귀환하는 방법은 바로 아트였다. 이 아트 작업이 다리를 놓아서 수잔의 영혼이 더 이상 과거로부터 망명 상태가 아니도록 했다.

이 범상치 않은 과정을 통해 우리는 많은 교훈을 얻었다. 꿈이 펼쳐내는 길을 따르는 2년이란 우리들의 실험을 통해, 점차적으로 네 가지 특별한 것을 배웠다. 먼저, 꿈 세계는 꿈을 꾸는 아주 많을 날들을 거치는 동안 연속적으로 이어지는 이미지의 복합체를 만들어낸다. 둘째, 꿈 세계에는 여러 다양한 영역들이 공존하는데 각 영역에서 정보와 응답을 기억해서 의식으로 가져온다. 셋째, 꿈으로 시각 예술 작업을 하는 것이 꿈 세계를 존중하고 특별히 강력한 방법으로 꿈을 표현하는 길이 된다. 넷째, 치유의 길을 보여주려는 꿈의 의도를 신뢰할 수 있다.

단일 꿈에서 주요한 의미를 찾는 것이 가능은 하지만, 오랫동안 꿈을 따르는 것, 특히 한 사람의 삶에서 결정적인 시기에 이런 작업을 하는 것이 훨씬 더 풍요롭고 훨씬 더 복합적이고 완전한 정보로 보답을 받을 수 있다. 일련의 꿈들이 증명하듯, 수잔의 꿈들은 뚜렷한 리듬과 속도를 확연하게 보여준다. 기운을 북돋우고 용기를 주는 꿈이 등장할 때는 종종 과거사를 노출하는 아프고 가슴 미어지는 꿈이 뒤따른다는 걸 기억하는 것이 중요하다. 또 역으로도 마찬가지다. 우리는 몹시 괴로운 꿈들이 빈번히 축하하는 꿈 뒤에 따라 나온다는 걸 믿게 되었다.

꿈들은 초기 이미지를 택해 거기에 추가하거나 변형을 시켜서 꿈들 상호간에 소리나 반향 혹은 주제의 변주로 서로서로 맞대응을 하도록 했다. 예를 들면 "요령"(36쪽)에서 울타리에 갇힌 말들의 안절부절 못하는 에너지가, "횡단"(115쪽)에서 바지선을 끄는 일하는 말이 되고, 마지막 부분에 등장한 "바람의 말"(200쪽)로 자유로워진다.

또 꿈의 리듬은 네 영역, 즉 개인적, 원형적, 부족, 샤만이라는 각기 다른 공존하는 영역들하고도 연계가 된다. 학대라는 개인의 과거사 영역에서 올라와서 노골적인 정보를 드러내는 "비탄"(110쪽)꿈 다음에는 브루밍데일에서 잔치를 하는 원주민 부족 여인들 꿈(113쪽)이 뒤따른다. 개인 트라우마 영역에 속하는 "상이군인 훈장"(135쪽)꿈 다음에, "스칼렛 오하라가 스칼렛 오하라를 만난다"(138쪽)라는 원형적이고 신화적인 영역의 꿈이 뒤따른다. 원형적 "아리아드네" 꿈은 "샤먼과 스푸트닉"(63쪽)이라는 샤먼의 치유 영역에 속하는 꿈으로 이어진다. 이와 함께 우리는 비록 꿈 세계와 꿈의 영역이 독립적이고 자동적으로 작동하는 듯하지만, 그럼에도 불구하고 꿈은 몹시 알고자 하는 정신과 여기 동참하려는 아티스트의 열망에 대해 감응을 한다는 걸 배웠다.

수잔이 자기 창작 과정을 소개함에 따라 우리는 시각 예술을 창조하는 것이 어떻게 "꿈을 계속 꾸기"로 작동하는지 볼 수 있었다. 꿈이 확충되고 확대되고 그래서 더 풍요로워진다. 꿈 그리기가 어떤 것은 더 잘 드러낸다. 잘 보이게 하기도 하고 또 알아차림의 초점을 맞추게도 만든다. 그림으로 완성하는 과정에 깊이와 차원을 더하고 변형의 가능성도 더하게 된다. 평범이 비범으로 바뀌고, 의미가 확대되고, 중요성이 가시적으로 부각된다.

마지막으로, 꿈의 의도는 모든 차원에서 치유를 위한 것이라는 사실을 우리들에게 거듭거듭 선명하게 해주었다. 이 과정을 성찰하며 수잔은 "나는 나 자신과 나의 감정을 존중하고 신뢰하는 걸 배웠고 직관적으로 좀 더 온전하게 행동하도록 배웠다." 우리가 함께한 작업을 통해서, 자기 발견의 느낌과 자기 가치 회복을 촉진하는 수없이 많은 시현을 경험했다. 예술가로서 꿈이 내 이미지들의 씨를 뿌리고 수확을 하는 비옥한 창조적 터전이라는 걸 배웠다. 꿈으로 시각 예술 작업을 하는 것이 내 창조적 길로 연장이 된다.

이 과정의 증인이자 안내자이자 동료로서 나에게 요구되는 것들이 있었다. 꾸준함, 미지를 만나겠다는 의지 그리고 꿈 세계의 자기 교정과 치유 의도에 대한 굳건한 믿음이 그것이었다. 우리가 함께 작업하는 동안, 나는 빈번히 아무것도 모른다는 느낌, 감정적인 고통, 꿈이 보여주는 신비에 도전을 받았다. 꿈작업가 입장에서, 아주 소수의 사람만이 수잔이 했듯이 이렇게 일관된 방식으로 꿈을 기억하고 또 수잔처럼 명료함과 정확도를 지닌 채 표현을 한다는 걸 알고 있다.

연속적인 꿈으로 작업을 하자 점차 스스로를 더 많이 드러내는 꿈 세계와의 관계를 형성하게 되었다. 우리가 이 과정을 책으로 출간하기로 한 이유는 우리가 느꼈듯이, 꿈의 연속적 흐름이 이런 개념과 목표를 지닌다는 사실이 다른 사람들에게도 도움이 될 수 있으리라 믿기 때문이다. 나 자신은 이제 개인의 꿈들 그리고 장기적으로 관찰한 꿈들에서 보이는 패턴과 통합의 가능성에 훨씬 더 염두를 두게 된다. 심지어 내가 가진 것이 수수께끼의 흐릿한 작은 조각일지라도 전체 그림이라는 감으로 이해하고 직감적으로 알아가려는 시도를 할 수 있다. 이 작업이 나를 포함한 다른 여성들의 꿈에서 등장하는 어떤 보편의 주제들과 친숙해지고 이를 인지하도록 도와주었다. 또 이 작업은 꿈이 이끄는 길의 힘에 대해 깊은 존경심과 경이감을 갖게 해 주었다.

개인적 경험으로, 떼라피 작업이 이렇게 농축되고 집중된 방식에서 일어나는 경우는 드물다. 떼라피스트 입장으로 볼 때 2년 반이란 결코 긴 시간이 아니다. 시작했을 때는 우리가 얼마 동안이나 함께 작업할 수 있을지 아무 감이 없었다. 일단 시작을 하자 꿈 자체의 안건들로 작업이 전개되어 나갔다. 출산 과정과는 달리 우리 둘의 리듬과 타이밍이 드러났고, '작업'과 '우리'가 상호 작용하며, 또 상호 변화가 일어났다. 종종 제3의 존재가 작동한다는 느낌을 받았는데 작업 과정에서 드러난 이 리듬과 타이밍도 그 영향 중 일부다.

우리 상호 간의 협조가 이 작업을 가능하게 했다. 여기에 함께 연류된 힘들에 의해서 우리 둘은 꿈이 이끄는 길의 학생이 될 수 있었다. 앎과 발견을 위해 꿈이 이끄는 길을 따르는 동안에 우리는 거듭거듭 꿈의 메시지와 우리 서로를 믿고 가겠다는 결정을 했다. 수잔도 나도 꿈 세계의 가르침에 깊이 감동을 받았고, 꿈 세계의 지혜에 겸허해졌다. 그리고 또 드러내고 치유하고 온전하게 만드는 꿈의 잠재력과 이미지를 훨씬 더 잘 알아차릴 수 있게도 되었다.

전문 아티스트여야만 꿈 이미지하고 이렇게 충만한 관계를 맺을 수 있는 것은 아니다. 떼라피스의 경우도 특별히 아트떼라피 혹은 다른 이런 류의 테크닉으로 훈련받을 필요는 없다고 생각한다. 꿈이 하려는 말을 깊이 들으려는 의지, 어떤 단순한 방식으로 이미지 창조하기 그리고 이 과정에 열려 있을 것, 그 외에 더 필요한 것은 없다. 떼라피스트와 내담자 관계의 굳건함도 중요한데, 꿈과 이미지를 나누고 이를 목격하고 정교화하기 위한 자리는 안전해야 할 필요가 있기 때문이다.

이 작업의 고유함이라면 처음부터 수잔이 엄청난 예술적 숙련도를 지닌 사람으로서 이 작업에 임했다는 점이다. 개인적인 꿈에 관한 도상 연구가 수잔이라는 예술가의 손에서 개인적 치유의 상징뿐 아니라 집단적 기억에 대한 선물로 탄생했다. 우리는 개인의 역사뿐 아니라 치유라는 지혜의 길을 기억할 수 있도록 도움을 받았다. 예술가 수잔은 깊이 꿈에게 다가가서 의식에서 사라진 이미지를 다시 활성화시켰다. 이 작업이 독자들에게 원하는 바는, 수잔과 함께 결연히 꿈 세계 영역으로 들어가서 이미지와 의미를 느끼고 직관을 존중하고 공명하고 성찰하라는 것이다. 이 방식으로 독자들도 꿈의 근원에 뭔가를 제공하게 될 것이다. 이 작업이 우리에게 상기시키는 바는, 우리 모두는 뮤즈의 어머니인 메모리에서 탄생한 아티스트고, 시인이고, 화가라는 사실이다. 밤이면 여신 메모리가 치유의 비전을 가지고 우리를 찾아온다.

애니 로저스와의 대화

애니 로저스는 하버드 교육대학원 인간발달과 심리학과의 부교수다. 그녀는『빛나는 병폐: 떼라피에서 상해와 치유의 이야기』의 저자다. 시인이자 화가이기도 하다. 이 원고를 읽고 우리 발표를 보고 애니가 우리 관계에 대해 이야기를 나누고 싶어 했다. 1999년 12월 환한 날 아침, 캠브리지 부근 애니의 집에서 우리 셋이 만났다. 작은 테이블 위에 차와 스콘이 놓여 있었고 햇살 가득 드는 거실에서 우리들의 대화가 시작되었다. 함께한 우리 작업에 대해 성찰할 기회를 가졌다.

ANNIE 일반적인 걸로 제 질문을 시작할께요. 배경 지식을 위해서 이 질문을 합니다. 두 분이 어떻게 함께 작업을 하시게 되었어요?

SUSAN 제가 병원에서 '여성들이 여성들에게Women to Women'(역자주: 메인주에서 시작한 여성을 위한 통합적 치유 모델)에 동참하고 있었는데, 거기 의사 선생님이 패트리샤한테 가서 떼라피를 해보라고 격려해 주었어요. (패트리샤를 향해) 막 그 지역으로 이사 오셨을 때지요?

PATRICIA 그래요. 제가 막 '여성들이 여성들에게'에서 상담실을 운영하기 시작했을 무렵이었어요. 거기 의사 선생님이 『여성의 몸 여성의 지혜』의 저자 크리스틴 노드럽이었어요. 노드롭과 다른 의사 2명이 같이 이 의료 모델을 시작했고, 저는 이들에게서 장소를 빌려 상담실을 시작했죠. 낡은 가정집을 개조한 건물이었어요. 여성들 몸을 돌보는 집에서 내가 떼라피를 할 수 있다는 건 정말 신나는 일이었어요. 거기 의료진들이 저를 추천했어요.

ANNIE 종종 첫 세션을 아주 특별하게 여기잖아요. 패트리샤, 수잔을 만났을 때 첫 느낌이 어떠셨어요?

SUSAN 저는 만나서 금방 아주 편했어요. 우리 둘이 바닥에 앉았고 패트리샤가 저보고 그림을 그리라고 했어요. 내 집, 내 남편, 내 삶에 관한 내용이었죠.

ANNIE 패트리샤, 당신은 주로 이 방식으로 작업을 하시나요?

PATRICIA 글쎄요. 저는 수잔이 아티스트라는 사실을 알고 있었고, 아마도 시각적 작업이 더 효과적일 것이라 생각했을 거예요. 그 첫 세션 동안에 아마도 제가 수잔에게 꿈을 꾸는지, 꿈을 기억하는지, 꿈을 그려볼 용의가 있는지, 물었을 거예요.

ANNIE 꿈작업dreamwork이 바로 그 순간부터 시작되었군요?

PATRICIA 그랬어요. 맨 처음부터.

ANNIE 일반적으로 이 방식으로 작업하세요? 바닥에 앉아서 그림이나 꿈으로 작업하세요?

PATRICIA 아뇨. 그렇지는 않아요. 이 방식으로 작업하는데 반응을 잘할 것 같은 느낌이 들지 않는 사람들하고는 이런 식으로 안 해요. 그런데 처음부터 수잔이 꿈 이야기를 할 때도 그렇고 수잔이 꿈을 그릴 때도 저한테 공명이 일어났어요. 대체로 첫 세션은 꿈작업에 대해서 소개하는 시간인데 수잔하고는 바로 작업으로 들어갔어요.

ANNIE 그러셨군요. 수잔 당신도 마찬가지였고요?

SUSAN 제가 그림을 그리면 꿈이 훨씬 선명해졌어요. 그런데 어떤 때는 내가 그리면서도 왜 그리는지 모른 채 그냥 그릴 때도 있었어요.

ANNIE 이렇게 첫 세션 혹은 두세 세션을 진행하셨고, 그 다음부터는 꿈을 기록하기 시작하셨나요?

PATRICIA 예. 처음부터 이 방식의 작업으로 확립했어요. 내담자들한테 꿈을 기억하라고 청하는 일은 저한테는 흔한 일인데요. 그런데 그 누구도 꿈을 이렇게 깊은 층위로 기억해 내고 이를 시각화하는 능력을 지닌 사람은 없었어요. 저를 포함해서요.

ANNIE 수잔, 꿈 언어로 직진하셨는데요, 그 뒤로는 당신 방식을 찾아냈다는 게 놀라워요. 이 작업 과정이 당신 자신을 어떻게 안착시켰나요?

SUSAN 나는 거기 가서 그 작업을 할 준비가 되어 있었어요. 그 전에 다른 떼라피스들하고 작업한 경험이 있어요. 그런데 별로였어요. 정말 깊은 이슈들이 등장할 때 "그래. 나는 이 지점은 피해갈 수 있어"라고 스스로 말했죠. 패트리샤하고 작업할 때도 그만두고 싶은 순간들이 있었어요. 제가 그래요. "지금 이 정도면 충분하잖아. 아니면, 돈이 별로 없어. 혹은, 더는 못하겠어." 그러면 패트리샤가 그래요. "글쎄요. 당신한테 맞도록 스케줄을 조정할 수 있어요. 떼라피 비용하고 당신 아트하고 교환해도 되요. 그렇지만 이 작업을 중단할 수는 없어요." 몇 번 그랬어요.

PATRICIA 제가 당신을 중단하지 못하게 했는지, 꿈에서 진행되는 내용이 우리가 작업을 계속하도록 만들었는지 모르겠어요. 꿈이 이렇게 참여하는데 우리가 작업을 그만둘 수는 없다고 생각했어요. 따라서 꿈 에너지가 정말로 우리를 밀어붙인다는 느낌이 들었어요.

ANNIE 수잔, 당신은 그만둘 수 있었겠죠. 이 과정을 계속하지 않기 위해 다른 치유자를 찾을 수도 있었잖아요.

SUSAN 나와 함께인 패트리샤의 에너지를 느낄 수 있었어요. 내가 느끼고 있는 걸 그녀도 느끼는 것 같았어요.

ANNIE 어떻게 그렇게 말할 수가 있죠?

SUSAN 왜냐하면 패트리샤가 "아! 깜깜한 구멍이 느껴져요." 내가 심란한 꿈을 꾸고 어지러워할 때 패트리샤가 "현기증이 나요"라고 표현하기 때문이에요. 누군가 내가 느끼고 있는 걸 감정이입이 되는 게 놀라웠어요. 이게 내가 느끼는 것에 타당성을 부여했고 또 내가 느끼는 감정이 진짜 일어나는 거라고 말해주는 듯했어요.

ANNIE 세션은 대개 어떻게 진행되었나요?

PATRICIA 한 주에 한 번씩 만났어요. 수잔은 상담실에 올 때 커다란 검정 표지 스케치북을 가져와요. 우리는 바닥에 앉아서 그림들을 같이 봐요. 그 커다란 스케치북은 언제나 뒤섞여 있었어요. 같이 그림을 봤죠.

ANNIE 그러면 꿈이 제3자 같은 존재인가요?

PATRICIA 예. 우리가 스케치한 걸 보고 우리 앞에 있는 게 뭔지 펼치려 했죠. 수잔에게 주어졌던 것이 모든 차원에서 우리를 끌어들였어요.

ANNIE 호기심이 생기는데요. 이 기간 동안 수잔의 꿈이 패트리샤 당신 꿈에 유입되었나요?

PATRICIA 꿈 자체가 제 꿈 안에 삽입되지는 않았어요. 수잔이 내 꿈 속에 등장한 기억도 없어요. 그러나 우리가 작업하는 동안 절대적으로 같은 에너지 장에 함께 있었고, 나는 온전히 그 자리에 있었어요. 몸을 사리지 않았죠. 수잔이 언급한 정서적 반응이 그 이유였을 거예요. 저는 열려 있으려고 노력했어요. 심지어 고도로 분석적이 되거나 해석을 하려 들지도 않았어요.

ANNIE 해석은요? 해석이 일어났잖아요.

SUSAN 때로 저는 제가 꾼 꿈이 타인의 꿈, 타인의 이야기라고 생각했어요. 그러면 패트리샤가 저한테 여러 질문을 했어요. "이 사람들은 누구예요?", "방은 어디에 있었어요?", "어떻게 느끼시나요?"

PATRICIA 특히 수잔이 이야기를 시작하는 시점에 그랬어요. 때론 몸에서 신체 감각이 자극되고 그때는 내 몸에서도 어떤 반응이 있었어요. 내 안에 뭐가 진행되는지, 공명이 시작되고 그래서 수잔이 어지러움을 느낄 때 저 역시도 그랬어요.

ANNIE 두 분 다 어지러우셨다고요?

SUSAN 예. 그러다 갑자기 어지럼증이 사라져요.

PATRICIA 저도 어지러웠어요. 어딘가에 끌려들어가는 발작 어지럼 같았어요. 흔치 않는 이상한 느낌이에요. 저에게는 무의식이 깊이 끌어내리는 느낌이었어요. 한편으로 우리는 전통적인 떼라피가 그러하듯, 한 주에 한 시간만 만나는 형식을 취했어요. 이게 현실의 시간에 연결되어 있도록 만들었어요. 그렇지만 무의식으로 빨려 들어가는 느낌을 느꼈고, 저에게는 그 자체도 정보였어요.

ANNIE 한 주에 한 시간, 한 주 한 시간, 한 주 한 시간. 세션과 세션이 일어나는 사이, 즉 혼자서 자기 작업을 하는 동안에는 어떻게 느끼셨어요? 혼자서 스스로의 방식으로 작업을 하고 있다고 느끼셨나요?

SUSAN 나는 꿈을 꾸고 적고 그렸어요.

PATRICIA 저한테는 이 방식으로 작업 틀을 잡은 것이 어떤 안전감을 주었어요. 때로 특별한 꿈에 전혀 모르는 어떤 내용이 있을 수도 있고 그런 뒤에는 그 다음 주 꿈이 명료하도록 도와줘요. 수잔이 그린 것이 스토리 보드 방식이었고, 그래서 우리는 이미지에서 많을 것을 알아차리기 시작했어요. 수잔은 특정 방식으로 그렸고, 편집은 하지 않았어요. 그냥 다 끄집어내겠다는 의지가 있었어요. 때로 그림을 통해 우리가 알아야 할 뭔가가 더 잘 드러나게 했고, 이걸 테이블 위에 올렸죠.

SUSAN 예. 제가 꿈 그림을 그렸어요. 그림 작업대에 뭔가가 있고, 근처에 빛이 전환되었어요. 마치 '안녕하세요!'라고 하는 것처럼. (웃음)

PATRICIA 빈번히 꿈과 그림이 우리를 도와준다는 느낌을 받았어요. 나는 아주 빈번히 꿈이 모호하게 느껴지는데 수잔, 당신 꿈들을 볼 때는 즉각적인 알아차림이 없어도 그래도 전혀 감 잡을 수 없는 그런 것은 아니었어요.

ANNIE 수잔, 당신도 같은 느낌이었어요?

SUSAN 꿈을 기록할 때는 종종 의미가 모호하게 느껴졌어요. 그러나 그림을 그리고 나면 그렇게 모호하지만은 않았어요. 내가 말해요. "아! 알았다. 할머니댁이었구나." 그런데 꿈에서는 모텔 6가 되거나 뭐 그런 자리가 등장해요.

ANNIE 그래서 꿈을 기록하고 이 꿈에 대해 뭔가 더 알 필요가 있어. 그러면 꿈기록을 했을 때 꽤 막연하게 느껴지던 것을 들고 "그래, 꿈을 그려봐야지" 하고 그리기 시작하면 뭔가 가시적이 된다는 거네요. 그렇다면 그림을 그리고 나서는 무슨 일이 벌어지나요?

SUSAN 내가 꿈에서 묘사되었던 자리를 창조해요. 그림을 그리고 그러면 내용을 인식하게 되요.

ANNIE 그림은 언제나 그려야겠다고 마음먹고 시작하는 것은 아니죠?

SUSAN 그렇죠. 꿈이 말하고 싶어 하는 것을 그리려 했어요. 그런 다음 그림을 보고, 이게 내 이야기라는 걸 인식하고, 이게 어디서 왔는지 볼 수 있게 되죠.

ANNIE 이거 강력한데요. 이 방식으로 고전적인 감각으로 소위 꿈의 생각이라 부르는 것을 잡아낸다. 수잔, 당신의 작업으로 그 주간 동안 꿈의 정교화가 이루어졌다. 이 말인가요?

SUSAN 예. 저는 매주 꿈을 그림으로 표현하느라 시간을 많이 소요했어요. 결국 대형 스케치북 열두 권을 썼어요.

ANNIE 이 질문은 말로 표현하기 쉽지 않을 수 있어요. 수잔, 주중에도 패트리샤가 당신과 함께한다는 느낌을 받으셨어요? (수잔이 고개를 끄덕인다) 어떻게 당신 나름대로 패트리샤와 함께할 수 있었죠?

SUSAN 예를 들자면 가족들과 어떻게 상호작용을 할지 고민할 시점에 패트리샤는 내게 어떻게 벗어날 수 있고, 또 어떻게 접근할 수 있는지에 대한 이야기를 많이 해주었어요. 실제 이런 상황이 생기면 나는 패트리샤가 말했던 것을 떠올렸고 참조를 했어요.

PATRICIA 그래요. 내적 상황을 수잔의 일상에 적용해야 했어요. 꿈 세계처럼 구획된 상황 안에 머무는 게 아니죠.

SUSAN 말하는 꿈이 있었고 목구멍에 상처가 나는 꿈이 있었어요. 발설로 인한 징벌과 보상이 이루어지는 꿈이 등장했는데, 꿈 세계가 실제 일어날 수 있는 모든 가능성을 보여주었어요. 나는 그림에서 "발설하는" 역할을 다른 사람이 하도록 했어요. 비록 그녀도 나의 일부이지만 말이에요. 나는 그녀가 나를 위해 말해주길 원했어요. 이게 어린 시절 근친상간을 묘사하는 과정에 내가 잘 쓰는 방식이었어요.

PATRICIA 결국은 식구들한테 말을 했잖아요.

ANNIE 그리고 또 꿈과 꿈 그림으로 엮은 책을 통해서도 하는 거지요?

SUSAN 나는 내 경험을 스케치와 그림을 통해 설명했어요. 정말 치욕스러웠어요. 이렇게 하는 게 너무 힘들어서 꿈에 등장하는 강력한 인물들의 도움이 필요했지요.

ANNIE 가족들한테 그들이 듣고 알도록 했잖아요. 그때 무슨 일이 일어났어요?

SUSAN 내 어머니의 반응은 즉각적이었어요. 어머니는 내 그림을 완전 부인하려 들지 않으셨어요. 내게 일어났던 일에 대해 연민을 느끼고 저를 보호하려 했고, 화를 냈어요.

ANNIE 어떻게 계속해나갔죠?

SUSAN 내게 다른 선택권이 있다는 생각이 안 들었어요. 저는 회피할 수 없었어요. 돌아갈 수도 없었고 내가 할 수 있는 다른 게 없었어요.

PATRICIA 저는 꿈들이 도움이 되었다고 생각해요. 꿈이 정말로 힘든 정보를 알려주면 이어서 축하하는 꿈으로 백업을 했어요. 꿈이 이런 식이었어요. 꿈이 기운을 북돋워주면서 준비를 시켰어요. 그런 다음에 참 힘든 정보를 알려주고, 그런 뒤에는 상을 주었어요. 처음부터 나는 수잔 당신을 믿었어요. 당신이 그 속으로 들어가 그 일을 해내리라 믿었어요.

SUSAN 저한테는 그게 명백하지 않았어요.

PATRICIA 글쎄요. 저는 진실성이 느껴졌어요.

SUSAN 패트리샤는 밀어붙이지도 강제하지도 않았어요.

PATRICIA 저는 아마 우리가 서로에게 투사한 것이 도움이 되었다고 생각해요.

ANNIE 당신들 각자의 저항이나 장애물에 맞닥뜨렸을 때 어땠어요?

SUSAN 제가 기억하기로는 패트리샤가 꼭 한 번 "이것은 해야만 할 거예요"라고 말했어요. (웃음) 처음에 피하고 싶은 어떤 주제가 있었어요. 그건 제가 정말로 말하고 싶지 않았던 거예요. 저는 오랜 시간 그 주제를 회피했어요. 아마 몇 달 정도 그랬을 걸요. 패트리샤가 정곡을 찔렀어

요. "그런가요? 허니, 이 작업은 해야만 할 거예요!" (폭소)

PATRICIA 저는 기억이 안 나는데요. 상상은 되는데요. (웃음)

ANNIE 이는 내가 알던 식과 굉장히 다른데요. 이 과정에서 당신 스스로를 충분히 관찰하도록 여러 달을 기다린 끝에, 수잔 당신이 이 이슈로 피로감을 느낄 시점에, 좀 더 활성화되도록 임상적으로 밀어붙이거나 부정적 방식으로 대응하지 않았네요. 심지어 '허니'라고까지 했으니….

SUSAN 그래요. 그게 정확하게 제가 느낀 거예요. 자매, 이모, 엄마, 혹은 누군가 그런 사람들은 혀를 끌끌 차면서 "이 말은 충고야, 다 너한테 도움되라고 하는 거야!" 이러잖아요. 그런데 패트리샤는 저한테 뭘 하라는 소리를 안 했어요. 그런데 내가 막혀 있을 때 그게 바로 돌출구가 되었죠.

PATRICIA 그런데 전이/역전이가 뭐였던 간에 아주 특이한 것은 실제 작업이 일어나는 곳에는 없었다고 생각해요.

ANNIE 아뇨. 두 분은 서로에게 열려 있고 서로에게 감응하고 서로서로 함께 작업을 했어요. 제가 지금껏 떼라피가 제일 잘 되는 경우라 생각해온 바로 그 방식 같아요. 사람들이 서로에게 무엇을 할지 알 때 신뢰가 형성되고 이런 자리에서 작업이 가장 빠르게 진행될 수 있죠.

PATRICIA 제 생각에도 정말 그랬어요. 이 작업은 절대 오랫동안 메마른 시기를 거치지 않았어요. 꿈 자체가 긴장감을 조금씩 조절해 나갔어요. 또 꿈에서 에너지와 지지가 엄청나게 주어졌어요. 심지어 중간 지점에 모든 조각들을 찾아낸 큰 꿈이 강타했을 때조차, 수잔 당신은 아마 우리 작업이 완료되었다 생각했을지도 모르겠어요. 그런데 그 뒤에 더 많은 것이 펼쳐졌어요.

ANNIE 그 말은, 조각들을 다 찾아낸 것이 각 조각 사이의 관계가 형성되는 걸 의미하지는 않는다….

PATRICIA 예, 그래요. 그렇지만 이 정보를 우리에게 준 꿈은 엄청난 지지자였어요. 결국 이 시점에 이르도록 했어요. 수잔 그때 당신은 회복된 영의 그릇이라는 아름다운 그림을 그렸지요.

ANNIE 어지러움 공포 같은 신체반응에 대해서 언급하셨는데 같은 방식으로 활력을 주고 회복이 일어나는 꿈에도 신체반응이 있었나요? 제가 그쪽으로 몰고 가고 싶지는 않지만….

SUSAN 며칠 전 그에 관한 생각을 했어요. 달리기하는 사람 이미지를 꿈에서 보고 나서 그랬어요. 정말로 강력한 꿈을 꾼 뒤에 그때 달리기를 한 게 기억났는데, 꿈에 나는 새롭고 놀라운 가벼움을 느꼈고 빠르고 자유로운 민첩함을 경험했어요.

ANNIE 패트리샤, 수잔과 바닥에 앉았을 때 작업 중에 이런 종류의 힘을 주는 꿈이 등장할 때, 당신도 몸에서 그런 느낌을 받습니까?

PATRICIA 그랬죠. '후유~'라고 지지받는 안도감이 있었죠. 부족 여인들 꿈이 그랬어요. 언제든 그들이 등장할 때는 그런 느낌이었어요. 그리고 동물 이미지도 엄청난 응원을 받는 느낌이었어요.

SUSAN '조력자가 여기 있어'라며 다가왔죠.

ANNIE 내 마음에 떠오르는 질문이 있는데 말로 하기 쉽지 않네요. 어떻게 그렇게 오랫동안 꿈과 함께했고 꿈을 신뢰할 수 있었어요?

PATRICIA 이미지와 이미지가 오는 자리 때문이었던 것 같아요. 이미지와 머물 수 있는 수잔의 능력에 대한 깊은 존경심도 있었고요.

SUSAN 나는 과정에 정말로 충실했어요. 다른 모든 것은 부차적이었죠. 이 작업이 제일 우선이었어요. 작업이 끝나면, 이 일이 너무나 소진하는 일이라 꿈을 마음에 담고 있지는 않았어요. 내 아트로 꿈 이미지 작업을 계속했어요.

ANNIE 당신 아트에도 변화가 있었나요?

SUSAN 엄청 많이요. 나는 풍경을 그리던 화가였어요. 나무나 강을 주로 그렸는데 지금은 악어와 묘지에서 잠자는 여인 같은 내가 상상하지 않았었을 온갖 엉뚱한 것들을 그리고 있어요.

ANNIE 이 작업에 당신에게 시각적 음성에 접근할 수 있게 했군요. 고유한 시각적 목소리요.

SUSAN 이 이미지들은 참으로 제 것이었어요.

PATRICIA 이 모든 것 아래에서 일어나고 있는 또 다른 것이 있었어요. 왜냐하면 지금 우리가 여기까지 왔기 때문이죠. 그리고 어쩐지 이 작업에 뭔가가 있다는 걸 알았어요.

ANNIE 그에 관해 물을 참이었어요. 당신이 작업을 종결했을 때 둘의 관계를 어떻게 하실 참이었어요?

SUSAN 저는 완결되었다고 느꼈어요. 그러나 문을 열어두는 느낌이 좋았어요. 언제든 내가 접근할 수 있고 내가 분투하는 이슈에 관해 조언을 받을 수 있죠.

ANNIE 그럼 공식적으로 세션의 종결이란 없는 건가요?

SUSAN 예.

PATRICIA 우리가 지난 2년간 지속했던 주요 작업에서는 종결이 있었다는 걸 알았어요. 그런 다음, 약 6개월간 전화 연결을 했었어요.

ANNIE 그건 정규적인 세션은 아닌가요?

PATRICIA 아뇨. 6개월 뒤에 꿈 연구를 위한 연구소 일들이 벌어진 거예요. 이들이 논문 제출을 원했어요. 당시 수잔이 전체 작업을 슬라이드로 만들어서 학회에 가게 된 거죠. 저는 학회가 보스톤에서 열린다고 생각했는데 런던이 개최지였어요. 제가 수잔한테 "가서 발표하길 원해요?"라고 물었더니 "물론"이라는 답이 돌아왔어요. 그래서 우리가 발표할 내용을, 그게 이 책의 골격처럼 되었는데, 만들었죠.

ANNIE 매주 치유작업을 함께하다가 이렇게 다른 관계로 전환되었을 때 각자한테 어떠셨어요?

SUSAN 일종의 두려움 같은 게 있었어요. 내 방식의 관계맺기를 훨씬 더 일반적이고 포괄적인 방식, 즉 점심도 같이 먹고, 비행기도 같이 타고, 이런 식으로 전환해야 했어요.

PATRICIA 런던으로 가기 전에 서로의 집을 방문했어요. 우리 서로의 자리를 어떻게 열 것인지 이야기했어요. 전에는 제 연구실 외에 다른 곳에서 만난 적이 없었거든요. 그런 다음, "그래, 우리가 이걸 끄집어내어 이제 세상으로 내어놓자" 그랬죠.

SUSAN 약간 이상했어요. 저는 적응을 해야 했어요. 적응하려 애썼고 한 번에 조금씩이요.

PATRICIA 제 연구실에서의 만남이 굉장히 좋았거든요. 대단히 사적이고 뭐든 안전하게 나올 수 있었어요.

ANNIE 아주 특별하고 헌신했던 시간.

PATRICIA 예. 그 뒤 우리가 런던에 방을 예약하고 런던으로 향하던 비행기에서 수잔에게 했던 말이 생각나네요. "수잔, 런던에 도착해서 아무것도 안 하고 싶어져도 난 아무렇지 않아요." 저는 수잔 당신을 과하게 보호하려 들었어요.

SUSAN 그건 좋았어요. 내가 실제 발표를 할 수 있도록 한 유일한 방법이었어요.

ANNIE 예, 그게 결정적으로 중요했으리라 상상이 되네요.

PATRICIA 저는 여전히 이 작업을 하던 당시의 느낌을 갖고 있었어요. 그래서 수잔에게 해를 끼칠 수 있다고 생각되는 어떤 것도 할 수 없을 것 같았지요. 그렇지만 또 이 내용을 발표하는 게 아주 감동적인 것도 사실이에요.

SUSAN 사실 이런 걸 하리라는 건 상상해 본적도 없어요. 내가 작업을 해냈다는 것뿐이었어요.

PATRICIA 제게도 엄청나게 느껴져요.

ANNIE 엄청나죠. 더 너른 세상에 꿈으로 작업을 하려고 애쓰는 많은 다른 사람들에 관해 생각할 수 있었다는 점에서 엄청 큰 일이죠.

PATRICIA 그래요. 비록 이 꿈들에 아주 고유한 뭔가가 있지만요. 그럼에도 이걸 바깥에 내어놓는 것에 대해 여러 생각이 오고갔어요. 분명히 작업할 때 누군가 찾아와서 돈을 지불하고 전문가에게 뭔가를 기대하는 그런 힘의 역학이 있잖아요. 우리는 서로의 집을 오고가며 이런 걸 해체하기 시작했어요. 언제나 저는 수잔의 창조적 능력에 대해 깊이 감사하고 마찬가지로 꿈 세계에 작동했던 모든 다양한 힘들에 대해서도 깊이 존중해요.

SUSAN 패트리샤한테 배운 게 많아요. 여신에 감사하는 것 같은, 이런 게 내가 여성성을 존중하게 되고 나 자신을 값지게 여기는 것이라는 걸 배웠어요.

ANNIE 그런 뒤 둘이 함께 런던으로 갔어요. 무엇보다 둘이 복잡한 전이 관계였다면 훨씬 교묘하리라 짐작 되는데요. 그랬다손 쳐도 특별히 수잔 당신 관점에서 어색하게 느꼈을 것 같은데요.

SUSAN 어색했어요. 그리고 우리가 떠나기 전인가, 비행기를 타고 갈 때인가, 이상했어요. 패트리샤가 저보고 "발표하러 나가기 바로 직전일지라도 꼭 해야 되는 건 아니에요"라고 했을 때 "그래. 내가 만일 마지막 순간에 안 하겠다고 말할 수 있는 선택권이 있다면." 대중 앞에서 발표를 해 본 적이 한 번도 없었어요. 너무나 압도당하는 느낌이었죠. 그렇지만 자꾸 생각하는 대신 내가 들고 온 그림과 아트 작업을 운반하는 데로 관심을 돌렸어요. 발표할 때는 우리가 슬라이드를 보여주며 내 꿈을 이야기하고 내 설명과 패트리샤의 설명이 뒤따랐어요.

ANNIE 이제 패트리샤 당신한테 질문할께요. 당신 입장에 있는 많은 사람들이 이 자료들을 전문적인 임상 "사례"로 소개할 텐데 당신은 왜 그러지 않았죠?

PATRICIA 저는 절대 그렇게는 하지 않을 거예요.

ANNIE 왜요?

PATRICIA 이 자료는 패트리샤 거예요. 그녀의 꿈이고, 그녀의 아트 작업이고, 저는 소유권이 없어요. 저한테도 강한 애착은 있어요. 우리가 함께 발표를 하거나 그러지 않았으면 저는 안 했을 거예요.

ANNIE 확실히 수잔의 경험, 수잔의 아트작업, 수잔의 이야기라는 것은 분명하죠.

PATRICIA 예. 이 작업에서 우리가 함께하는 맥락으로 등장했을지라도 그래요. 그러나 저는 다른 사람들도 이 내용에 접근할 수 있도록 한다면 그들에게도 가르침이 되고 깨달음을 얻고 풍성해질 거라 믿어요.

SUSAN 발표하는 과정을 거치며 내가 내 목소리에 힘이 있다는 걸 발견했어요. 그 뒤로는 점점 더 발전했어요. 후에 슬라이드 발표를 두 번 더 했는데 우리가 발표했을 때마다 말할 것들이 점점 더 늘어났어요.

PATRICIA 심지어 최근 메인 주에서 발표할 때도 여전히 어느 정도 당신을 보호하려 드는 저를 느꼈어요. 저는 우리가 이 자료로 무엇을 하든 성장과

건강을 위해서라는 걸 매우 강하게 느꼈어요.

SUSAN 저는 다른 사람을 도울 수 있으리란 바람으로 내 이야기를 나누고 싶어요. 나를 어떻게 보호하는지도 배웠어요. 여기에 내 이야기를 가명으로 하기로 선택한 이유도 그래요.

PATRICIA 그 또한 내게는 당신을 믿을만하다고 느끼게 하는 점이에요. 수잔, 이제 당신은 자기 보호의 능력을 지니고 있어요.

ANNIE 지금 그리고 미래를 볼 때, 둘의 관계는 어떨 것이며 어디로 향하고 있나요?

S & P (동시에) 우리는 친구예요.

ANNIE 그래요. 진정한 의미의 친구군요. 얼마나 근사한가요. 대개의 경우 떼라피 관계는 명료한 "종결" 기간을 갖고 그 뒤에 그렇게 끝이 나게 되잖아요. 그런데 여기 당신 둘은 상호 충족감을 얻는 깊은 우정, 그렇지만 함께했던 작업은 틀림없이 떼라피적이었어요. 현재 각자 서로 친구가 된 게 어떤 의미인가요?

SUSAN 저에게는 서로의 삶에 참여한다는 걸 의미해요. 예로 몇해 전, 야생의 드림 퀘스트Wilderness Dream Quest에 참여했어요. 이는 패트리샤와 야생을 노래하는 앤 델렌 보우Anne Dellenbaugh가 함께 이끌었죠. 패트리샤는 제 전시회 개막날에 자기 친구와 슬라이드 쇼를 했어요. 꿈작업에 관한 주요 아트 전시에 함께하기도 했고요. 제가 전시 기획을 하고, 패트리샤가 카타로그에 들어갈 글을 썼고, 패널 토론에도 참여했어요. 우리들이 함께 노력해서 전시가 호평을 받았고, 대중에게 강한 인상을 남겼어요. 우리가 친구로 함께한 일들은 항상 창조적이고 꿈 세계와 연류되어 있어요. 그리고 저는 나에게 일어난 것에 대해 마음을 쓰는 누군가가 있다는 걸 알고, 내가 부를 때는 언제든 나한테 온다는 걸 알아요.

PATRICIA 예. 수잔과 저는 아주 행운이라 생각해요. 우리가 구축했던 본래의 협업을 더 발전시킬 수 있었으니. 처음 함께 작업할 수 있도록 했던 신뢰, 정직, 존중, 모험에의 의지, 가장 중요하게는 창조 과정과 꿈에 대한 상호 열정이 그 후로도 관계가 더 발전할 수 있는 토대가 되었죠. 우리 파트너십은 떼라피 장에서 옮겨서 기쁨과 풍성함의 커다란 원천이 되었고 지금도 계속되고 있어요. 새 영역으로 확대되자 우리는 또 우리 관계에서 진정으로 우리가 누구인지 더 많이 나눌 수 있게 되었어요. 우리는 다른 능력과 경쟁력을 지니는데 이게 꽤 보완적이에요. 그리고 저에게는 언제나 다른 면이 있는데요. 우리 개인적 이야기들보다 더 큰 어떤 이야기에 봉사한다는 느낌이에요. 진정한 모험의 영과 파트너십이 살아가는 곳이 바로 이런 자리예요.